열여섯 시간에 완성하는 중학 영어 단기 특강

열중16강

독해+문법
LEVEL 1

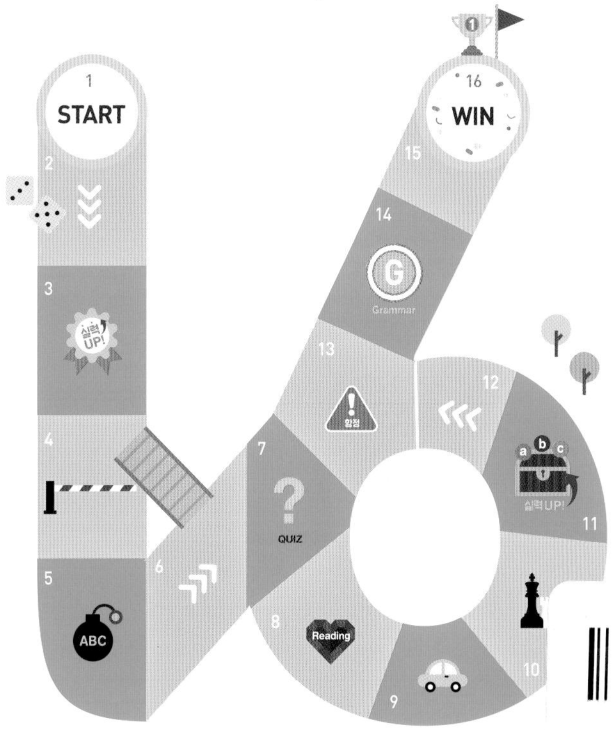

열중 16강

독해+문법 LEVEL 1

지은이	NE능률 영어교육연구소
선임 연구원	김지현
연구원	이지연 허인혜 이희진
영문 교열	Nathaniel Galletta August Niederhaus
디자인	박정진 김연주
내지 일러스트	이수희 박광명 놈스
내지 사진	www.shutterstock.com
맥편집	김선희

43 SINCE 1980 rd
Let's grow together

NE능률이 미래를 창조합니다.

건강한 배움의 고객가치를 제공하겠다는 꿈을 실현하기 위해
40년이 넘는 시간 동안 열심히 달려왔습니다.

앞으로도 끊임없는 연구와 노력을 통해
당연한 것을 멈추지 않고

고객, 기업, 직원 모두가 함께 성장하는 NE능률이 되겠습니다.

NE 능률

NE능률의 모든 교재가 한 곳에 - 엔이 북스

NE_Books

www.nebooks.co.kr ▼

NE능률의 유초등 교재부터 중고생 참고서,
토익·토플 수험서와 일반 영어까지!
PC는 물론 태블릿 PC, 스마트폰으로 언제 어디서나
NE능률의 교재와 다양한 학습 자료를 만나보세요.

- ✓ 필요한 부가 학습 자료 바로 찾기
- ✓ 주요 인기 교재들을 한눈에 확인
- ✓ 나에게 딱 맞는 교재를 찾아주는 스마트 검색
- ✓ 함께 보면 좋은 교재와 다음 단계 교재 추천
- ✓ 회원 가입, 교재 후기 작성 등 사이트 활동 시 NE Point 적립

건강한
배움의 즐거움
NE 능률

영어교과서 리딩튜터 능률보카 빠른독해 바른독해 수능만만 월등한 개념 수학 유형 더블
NE_Build & Grow NE_Times NE_Kids(굿잡, 상상수프) NE_능률 주니어랩 아이챌린지

All our dreams can come true,
if we have the courage to pursue them.

꿈을 추구하는 용기가 있다면 우리는 모든 꿈을 이룰 수 있다.

Walt Disney

이 책의 목차

구성과 특징

1

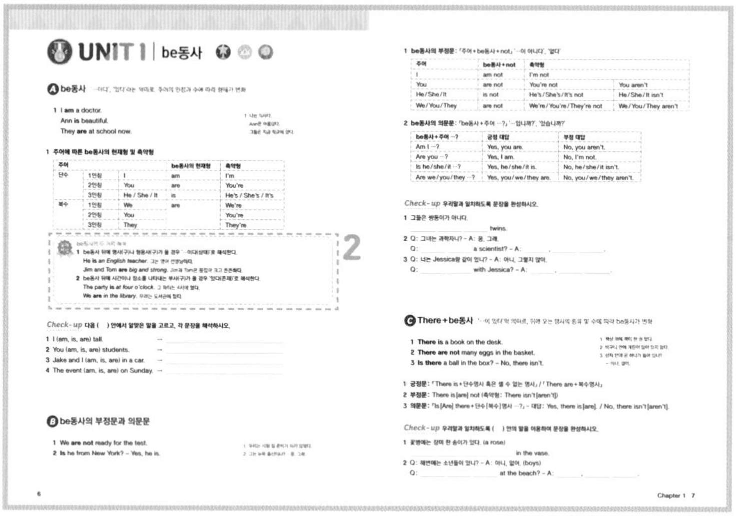

3

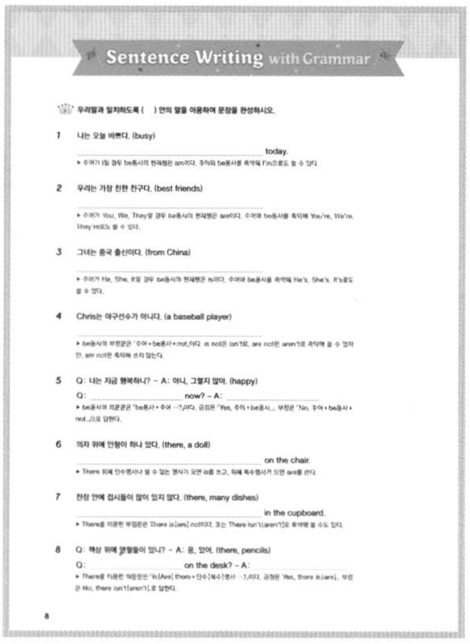

1 문법 설명

중학교 과정에서 배워야 할 핵심 문법을 체계적으로 분석하여 한 눈에 볼 수 있게 정리하였습니다.

2 독해 비법

해당 문법 포인트와 관련하여 독해에 실질적으로 도움이 되는 내용을 학습할 수 있습니다.

3 Sentence Writing with Grammar

학습한 문법을 활용하여 문장을 직접 써 보는 활동을 구성하였습니다.

4

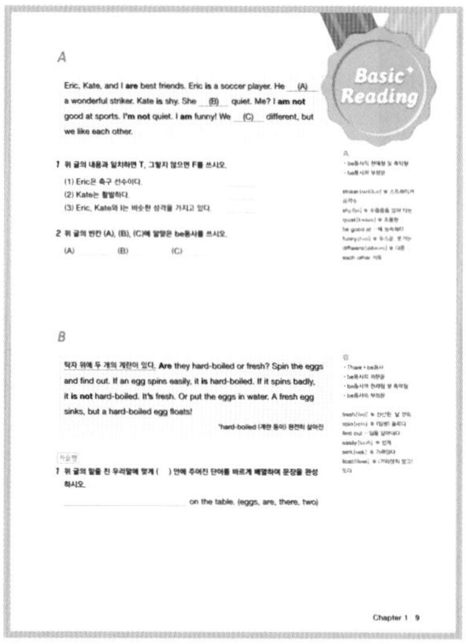

5

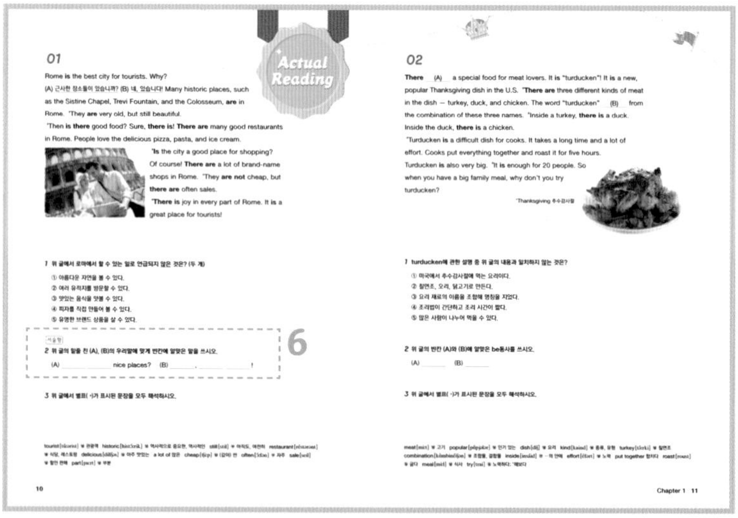

4 Basic Reading

짧고 쉬운 지문을 통해, 학습한 문법을 독해에 적용해 볼 수 있고, 장문 독해에 대비할 수 있습니다.

5 Actual Reading

보다 길고 어려운 지문을 통해, 앞서 배운 문법을 다시 한번 익힐 수 있고, 독해 실력을 한층 더 높일 수 있습니다.

6 서술형 문제

내신 비중이 높은 서술형 주관식 문제로 실전 감각을 기를 수 있습니다.

Special Thanks to 열중16강 독해+문법 개발에 참여해주신 선생님들입니다.

강군필 마포푸른솔학원 **강선** 인천연성중학교 **강은희** 국제어학당 **권이정** M&S사관학원 **김광민** 비전 SnD 학원 **김명희** 스쿨카슨어학원 **김민혜** 상도중학교 **김봉수** SM English 어학원 **김수연** 원당중학교 **김용진** 바른어학원 **김지수** 정상어학원 **김혜영** 에듀원영어학원 **명가은** 명가은어학원 **박혜영** 인천동방중학교 **송선미** 신방학중학교 **신규숙** EM&트로이카학원 **양세일** 양세일영어학원 **양용식** 숭의여자중학교 **오인아** 보스톤어학원 **윤석진** 윤석진어학원 **이정욱** 이은재어학원 **이채민** 정현영어학원 **전성훈** 훈선생영어학원 **정창용** 엑소더스어학원 **주세정** 천호중학교 **최호준** 현대캠프입시학원 **편영우** SCL영어학원 **한나경** 원힐영수전문학원 **한승표** English Expert 영어전문학원

Chapter

1

동사의 이해

Unit 1 be동사
Unit 2 일반동사
Unit 3 시제 1
Unit 4 시제 2
Unit 5 조동사 1
Unit 6 조동사 2

UNIT 1 | be동사

A be동사 '…이다', '있다'라는 의미로, 주어의 인칭과 수에 따라 형태가 변화

1 I **am** a doctor.
Ann **is** beautiful.
They **are** at school now.

1 나는 의사다.
Ann은 아름답다.
그들은 지금 학교에 있다.

1 주어에 따른 be동사의 현재형 및 축약형

주어			be동사의 현재형	축약형
단수	1인칭	I	am	I'm
	2인칭	You	are	You're
	3인칭	He / She / It	is	He's / She's / It's
복수	1인칭	We	are	We're
	2인칭	You		You're
	3인칭	They		They're

독해 비법

be동사의 두 가지 해석

1 be동사 뒤에 명사(구)나 형용사(구)가 올 경우 '…이다(상태)'로 해석한다.
He **is** *an English teacher*. 그는 영어 선생님**이다**.
Jim and Tom **are** *big and strong*. Jim과 Tom은 몸집이 크고 튼튼**하다**.

2 be동사 뒤에 시간이나 장소를 나타내는 부사(구)가 올 경우 '있다(존재)'로 해석한다.
The party **is** *at four o'clock*. 그 파티는 4시에 **있다**.
We **are** *in the library*. 우리는 도서관에 **있다**.

Check-up 다음 ( ) 안에서 알맞은 말을 고르고, 각 문장을 해석하시오.

1 I (am, is, are) tall. → ______________________

2 You (am, is, are) students. → ______________________

3 Jake and I (am, is, are) in a car. → ______________________

4 The event (am, is, are) on Sunday. → ______________________

B be동사의 부정문과 의문문

1 We **are not** ready for the test.
2 **Is** he from New York? – Yes, he is.

1 우리는 시험 칠 준비가 되지 않았다.
2 그는 뉴욕 출신이니? - 응, 그래.

1 be동사의 부정문: 「주어+be동사+not」 '…이 아니다', '없다'

주어	be동사+not	축약형	
I	am not	I'm not	
You	are not	You're not	You aren't
He/She/It	is not	He's/She's/It's not	He/She/It isn't
We/You/They	are not	We're/You're/They're not	We/You/They aren't

2 be동사의 의문문: 「be동사+주어 …?」 '…입니까?', '있습니까?'

be동사+주어 …?	긍정 대답	부정 대답
Am I …?	Yes, you are.	No, you aren't.
Are you …?	Yes, I am.	No, I'm not.
Is he/she/it …?	Yes, he/she/it is.	No, he/she/it isn't.
Are we/you/they …?	Yes, you/we/they are.	No, you/we/they aren't.

Check-up **우리말과 일치하도록 문장을 완성하시오.**

1 그들은 쌍둥이가 아니다.
_______ _______ _______ twins.

2 Q: 그녀는 과학자니? – A: 응, 그래.
Q: _______ _______ a scientist? – A: _______, _______ _______.

3 Q: 너는 Jessica랑 같이 있니? – A: 아니, 그렇지 않아.
Q: _______ _______ with Jessica? – A: _______, _______ _______.

C There+be동사 '…이 있다'의 의미로, 뒤에 오는 명사의 종류 및 수에 따라 be동사가 변화

1 **There is** a book on the desk.
2 **There are not** many eggs in the basket.
3 **Is there** a ball in the box? – No, there isn't.

1 책상 위에 책이 한 권 있다.
2 바구니 안에 계란이 많이 있지 않다.
3 상자 안에 공 하나가 들어 있니?
– 아니, 없어.

1 **긍정문:** 「There is+단수명사 혹은 셀 수 없는 명사」/「There are+복수명사」
2 **부정문:** There is[are] not (축약형: There isn't[aren't])
3 **의문문:** 「Is[Are] there+단수[복수]명사 …?」 – 대답: Yes, there is[are]. / No, there isn't[aren't].

Check-up **우리말과 일치하도록 ( ) 안의 말을 이용하여 문장을 완성하시오.**

1 꽃병에는 장미 한 송이가 있다. (a rose)
_______ _______ _______ _______ in the vase.

2 Q: 해변에는 소년들이 있니? – A: 아니, 없어. (boys)
Q: _______ _______ _______ at the beach? – A: _______, _______ _______.

Sentence Writing with Grammar

우리말과 일치하도록 ( ) 안의 말을 이용하여 문장을 완성하시오.

1 나는 오늘 바쁘다. (busy)

______________________ today.

▶ 주어가 I일 경우 be동사의 현재형은 am이다. 주어와 be동사를 축약해 I'm으로도 쓸 수 있다.

2 우리는 가장 친한 친구다. (best friends)

____

▶ 주어가 You, We, They일 경우 be동사의 현재형은 are이다. 주어와 be동사를 축약해 You're, We're, They're로도 쓸 수 있다.

3 그녀는 중국 출신이다. (from China)

____

▶ 주어가 He, She, It일 경우 be동사의 현재형은 is이다. 주어와 be동사를 축약해 He's, She's, It's로도 쓸 수 있다.

4 Chris는 야구선수가 아니다. (a baseball player)

____

▶ be동사의 부정문은 「주어+be동사+not」이다. is not은 isn't로, are not은 aren't로 축약해 쓸 수 있지만, am not은 축약해 쓰지 않는다.

5 Q: 너는 지금 행복하니? – A: 아니, 그렇지 않아. (happy)

Q: ______________ now? – A: ______________

▶ be동사의 의문문은 「be동사+주어 …?」이다. 긍정은 「Yes, 주어+be동사.」, 부정은 「No, 주어+be동사+not.」으로 답한다.

6 의자 위에 인형이 하나 있다. (there, a doll)

______________________ on the chair.

▶ There 뒤에 단수명사나 셀 수 없는 명사가 오면 is를 쓰고, 뒤에 복수명사가 오면 are를 쓴다.

7 찬장 안에 접시들이 많이 있지 않다. (there, many dishes)

______________________ in the cupboard.

▶ There를 이용한 부정문은 There is[are] not이다. 또는 There isn't[aren't]로 축약해 쓸 수도 있다.

8 Q: 책상 위에 연필들이 있니? – A: 응, 있어. (there, pencils)

Q: ______________ on the desk? – A: ______________

▶ There를 이용한 의문문은 「Is[Are] there+단수[복수]명사 …?」이다. 긍정은 Yes, there is[are]., 부정은 No, there isn't[aren't].로 답한다.

Basic Reading

A

Eric, Kate, and I **are** best friends. Eric **is** a soccer player. He ___(A)___ a wonderful striker. Kate **is** shy. She ___(B)___ quiet. Me? I **am not** good at sports. I**'m not** quiet. I **am** funny! We ___(C)___ different, but we like each other.

1 위 글의 내용과 일치하면 T, 그렇지 않으면 F를 쓰시오.

(1) Eric은 축구 선수이다. ________

(2) Kate는 활발하다. ________

(3) Eric, Kate와 I는 비슷한 성격을 가지고 있다. ________

2 위 글의 빈칸 (A), (B), (C)에 알맞은 be동사를 쓰시오.

(A) ________ (B) ________ (C) ________

A
- be동사의 현재형 및 축약형
- be동사의 부정문

striker [stráikər] 형 스트라이커, 공격수
shy [ʃai] 형 수줍음을 많이 타는
quiet [kwáiət] 형 조용한
be good at …에 능숙하다
funny [fʌni] 형 우스운, 웃기는
different [dífərənt] 형 다른
each other 서로

B

탁자 위에 두 개의 계란이 있다. **Are** they hard-boiled or fresh? Spin the eggs and find out. If an egg spins easily, it **is** hard-boiled. If it spins badly, it **is not** hard-boiled. It**'s** fresh. Or put the eggs in water. A fresh egg sinks, but a hard-boiled egg floats!

*hard-boiled (계란 등이) 완전히 삶아진

서술형
1 위 글의 밑줄 친 우리말에 맞게 ( ) 안에 주어진 단어를 바르게 배열하여 문장을 완성하시오.

______________________________ on the table. (eggs, are, there, two)

B
- There + be동사
- be동사의 의문문
- be동사의 현재형 및 축약형
- be동사의 부정문

fresh [freʃ] 형 신선한, 날 것의
spin [spin] 동 (빙빙) 돌리다
find out …임을 알아내다
easily [íːzəli] 부 쉽게
sink [siŋk] 동 가라앉다
float [flout] 동 (가라앉지 않고) 뜨다

Actual Reading

01

Rome **is** the best city for tourists. Why?

(A) 근사한 장소들이 있습니까? (B) 네, 있습니다! Many historic places, such as the Sistine Chapel, Trevi Fountain, and the Colosseum, **are** in Rome. *They **are** very old, but still beautiful.

*Then **is there** good food? Sure, **there is**! **There are** many good restaurants in Rome. People love the delicious pizza, pasta, and ice cream.

***Is** the city a good place for shopping? Of course! **There are** a lot of brand-name shops in Rome. *They **are not** cheap, but **there are** often sales.

***There is** joy in every part of Rome. It **is** a great place for tourists!

1 위 글에서 로마에서 할 수 있는 일로 언급되지 않은 것은? (두 개)

① 아름다운 자연을 볼 수 있다.
② 여러 유적지를 방문할 수 있다.
③ 맛있는 음식을 맛볼 수 있다.
④ 피자를 직접 만들어 볼 수 있다.
⑤ 유명한 브랜드 상품을 살 수 있다.

서술형

2 위 글의 밑줄 친 (A), (B)의 우리말에 맞게 빈칸에 알맞은 말을 쓰시오.

(A) ________ ________ nice places? (B) ________, ________ ________!

3 위 글에서 별표(*)가 표시된 문장을 모두 해석하시오.

tourist[tú:ərist] 명 관광객 historic[histɔ́:rik] 형 역사적으로 중요한, 역사적인 still[stil] 부 아직도, 여전히 restaurant[réstərənt] 명 식당, 레스토랑 delicious[dilíʃəs] 형 아주 맛있는 a lot of 많은 cheap[tʃi:p] 형 (값이) 싼 often[ɔ́:fən] 부 자주 sale[seil] 명 할인 판매 part[pa:rt] 명 부분

02

There ___(A)___ a special food for meat lovers. It **is** "turducken"! It **is** a new, popular Thanksgiving dish in the U.S. *There are three different kinds of meat in the dish — turkey, duck, and chicken. The word "turducken" ___(B)___ from the combination of these three names. *Inside a turkey, **there is** a duck. Inside the duck, **there is** a chicken.

*Turducken **is** a difficult dish for cooks. It takes a long time and a lot of effort. Cooks put everything together and roast it for five hours. Turducken **is** also very big. *It **is** enough for 20 people. So when you have a big family meal, why don't you try turducken?

*Thanksgiving 추수감사절

1 turducken에 관한 설명 중 위 글의 내용과 일치하지 않는 것은?

① 미국에서 추수감사절에 먹는 요리이다.
② 칠면조, 오리, 닭고기로 만든다.
③ 요리 재료의 이름을 조합해 명칭을 지었다.
④ 조리법이 간단하고 조리 시간이 짧다.
⑤ 많은 사람이 나누어 먹을 수 있다.

2 위 글의 빈칸 (A)와 (B)에 알맞은 be동사를 쓰시오.

(A) ________ (B) ________

3 위 글에서 별표(*)가 표시된 문장을 모두 해석하시오.

meat [miːt] 명 고기 popular [pɑ́pjələr] 형 인기 있는 dish [diʃ] 명 요리 kind [kaind] 명 종류, 유형 turkey [tə́ːrki] 명 칠면조 combination [kɑ̀mbinéiʃən] 명 조합물, 결합물 inside [insáid] 전 …의 안에 effort [éfərt] 명 노력 put together 합치다 roast [roust] 동 굽다 meal [miːl] 명 식사 try [trai] 동 노력하다; *해보다

UNIT 2 | 일반동사

A 일반동사의 긍정문

1 I **like** orange juice.
They **study** English every day.
2 He **reads** fantasy novels.
Sally **brushes** her teeth after meals.
James **has** pancakes every morning.

1 나는 오렌지 주스를 좋아한다.
그들은 매일 영어를 공부한다.
2 그는 판타지 소설을 읽는다.
Sally는 식사 후에 이를 닦는다.
James는 매일 아침 팬케이크를 먹는다.

1 **일반동사:** be동사와 조동사를 제외한 모든 동사로, 주어의 동작이나 상태를 나타냄
2 **일반동사의 3인칭 단수 현재형:** 주어가 3인칭 단수인 경우(He, She, It 등) 동사 변화에 유의

규칙 변화	대부분의 일반동사	동사원형+-s	come**s** eat**s** want**s** like**s** play**s**
	-o, -s, -ch, -sh, -x로 끝나는 동사	동사원형+-es	go**es** do**es** pass**es** watch**es** teach**es** wash**es** fix**es**
	「자음+y」로 끝나는 동사	y를 i로 고치고+-es	study → stud**ies** cry → cr**ies** try → tr**ies** fly → fl**ies**
불규칙 변화	have → **has**		

Check-up 다음 (   ) 안의 말을 이용하여 문장을 완성하시오.

1 I ________ in Seoul now. (live)
2 She ________ beautiful eyes. (have)
3 You ________ hip-hop music. (love)
4 Justin ________ movies every Sunday. (watch)

B 일반동사의 부정문

1 You **do not play** golf.
We **do not eat** meat.
2 He **does not tell** lies.
Maria **does not speak** English.

1 너는 골프를 치지 않는다.
우리는 고기를 먹지 않는다.
2 그는 거짓말을 하지 않는다.
Maria는 영어를 말하지 않는다.

1 **do not[don't]+동사원형:** 현재시제이고, 주어가 3인칭 단수가 아닌 모든 경우 (I, You, We, They 등)
2 **does not[doesn't]+동사원형:** 현재시제이고, 주어가 3인칭 단수인 경우 (He, She, It 등)

Check-up 우리말과 일치하도록 〈보기〉의 동사를 이용하여 문장을 완성하시오.

〈보기〉	wash	work	have	like	come

1 나는 만화책을 좋아하지 않는다.
I ________ ________ comic books.

2 Kate는 금요일에는 일하지 않는다.
Kate ________ ________ on Fridays.

3 그는 집에 일찍 오지 않는다.
He ________ ________ home early.

4 펭귄들은 큰 날개를 가지고 있지 않다.
Penguins ________ ________ big wings.

C 일반동사의 의문문

1 **Do** you **want** a pet? – Yes, I do.
2 **Does** Tom **have** a car? – No, he doesn't.

1 너는 반려동물을 원하니? – 응, 원해.
2 Tom은 자동차가 있니? – 아니, 없어.

1 **Do+주어+동사원형 …?:** 현재시제이고, 주어가 3인칭 단수가 아닌 모든 경우 (I, You, We, They 등)
• 대답: 「Yes, 주어+do.」/「No, 주어+don't.」

2 **Does+주어+동사원형 …?:** 현재시제이고, 주어가 3인칭 단수인 경우 (He, She, It 등)
• 대답: 「Yes, 주어+does.」/「No, 주어+doesn't.」

독해 비법
do의 두 가지 해석
1 일반동사 do인 경우, '…하다'라고 해석한다.
Karen **does** yoga every day. Karen은 매일 요가를 **한다**.
2 부정문이나 의문문을 만들 때 사용되는 조동사 do인 경우, 해석하지 않는다.
I **do not [don't]** have money. 나는 돈이 없다.
Do you read the newspaper? 너는 신문을 읽니?

Check-up 우리말과 일치하도록 (   ) 안의 말을 이용하여 문장을 완성하시오.

1 그녀는 요리를 잘하니? (cook)
________ ________ ________ well?

2 너는 매일 낮잠을 자니? (take)
________ ________ ________ a nap every day?

3 Jack은 그의 이메일을 아침에 확인하니? (check)
________ ________ ________ his email in the morning?

Sentence Writing with Grammar

우리말과 일치하도록 (   ) 안의 말을 이용하여 문장을 완성하시오.

1 우리는 아침마다 우유를 마신다. (drink, milk)

______________________________ every morning.

▶ 주어가 3인칭 단수가 아닌 경우, 일반동사 현재형은 동사원형이다.

2 그는 우리 중학교에서 영어를 가르친다. (teach, English)

______________________________ in our middle school.

▶ 주어가 3인칭 단수인 경우, -o, -s, -ch, -sh, -x로 끝나는 일반동사의 현재형은 「동사원형+-es」이다.

3 Mary는 과학을 아주 열심히 공부한다. (study, science)

______________________________ very hard.

▶ 주어가 3인칭 단수인 경우, 「자음+y」로 끝나는 일반동사의 현재형은 y를 i로 고치고 -es를 쓴다.

4 Mr. Smith는 큰 집을 가지고 있다. (have, a big house)

____

▶ 주어가 3인칭 단수인 경우, 일반동사 have의 현재형은 has이다.

5 나는 매운 음식을 좋아하지 않는다. (like, spicy food)

____

▶ 현재시제에 주어가 3인칭 단수가 아닌 경우, 일반동사의 부정문은 「do not[don't]+동사원형」이다.

6 그 기차는 빨리 달리지 않는다. (the train, run, fast)

____

▶ 현재시제에 주어가 3인칭 단수인 경우, 일반동사의 부정문은 「does not[doesn't]+동사원형」이다.

7 Q: 너는 매일 밤마다 일기를 쓰니? – A: 응, 그래. (keep a diary)

Q: ____________________ every night? – A: ____________________

▶ 현재시제에 주어가 3인칭 단수가 아닌 경우, 일반동사의 의문문은 「Do+주어+동사원형 …?」이다. 긍정은 「Yes, 주어+do.」, 부정은 「No, 주어+don't.」로 답한다.

8 Q: Mike는 매일 체육관에 가니? – A: 아니, 그렇지 않아. (go to the gym)

Q: ____________________ every day? – A: ____________________

▶ 현재시제에 주어가 3인칭 단수인 경우, 일반동사의 의문문은 「Does+주어+동사원형 …?」이다. 긍정은 「Yes, 주어+does.」, 부정은 「No, 주어+doesn't.」로 답한다.

Basic Reading

A

A boy **stands** in front of his house in December. He (A) <u>shout</u>, "I **WANT** A ROBOT FOR CHRISTMAS!" The boy (B) <u>do</u> this several times. The boy's neighbor **hears** him. She then **walks** over and **yells**, "Santa isn't deaf!" The boy **smiles** and **says**, "I **know**. But my grandmother is!"

1 위 글의 밑줄 친 동사 (A)와 (B)를 알맞은 형태로 고쳐 쓰시오.

(A) ________ (B) ________

A
일반동사의 긍정문

stand [stænd] 동 서 있다
in front of …의 앞에
shout [ʃaut] 동 외치다, 소리치다
several [sévərəl] 형 몇몇의
neighbor [néibər] 명 이웃
yell [jel] 동 소리치다
deaf [def] 형 귀가 먹은, 청각 장애가 있는
smile [smail] 동 웃다, 미소 짓다

B

Mother: George, do your homework.
George: But I don't has a book, Mom.
Mother: George, that's not correct. You should say: I ________ a book; he **doesn't have** a book; we **don't have** a book.
George: <u>Then no one can do their homework!</u>

1 위 글의 밑줄 친 부분에서 추론할 수 있는 것은?

① 소년은 책 읽는 것을 싫어한다.
② 소년에게 할 숙제가 많이 있다.
③ 소년은 평소 어머니와 사이가 좋지 않다.
④ 소년은 어머니가 한 말을 사실로 이해했다.
⑤ 소년의 주위 모든 사람들이 책을 도난당했다.

2 위 글의 빈칸에 알맞은 말을 쓰시오.

____

B
일반동사의 부정문

homework [houmwəːrk] 명 숙제
correct [kərékt] 형 맞는, 정확한
no one 아무도 …않다

Actual Reading

01

I am a doctor. *I **work** at a unique hospital. *I **take** care of many patients. 내가 수술도 하냐고요? Yes, I do!

The patients at the hospital **need** very special care. I **fix** their broken arms and legs. *I also **make** new eyes, noses, lips, and even hair for the patients. That is not all. Sometimes I am like a clothing designer or a painter. *I **design** and **make** new clothes for the patients. I also **paint** their faces.

After all the treatment, they **go** home. Are they thankful? Not at all! They are not humans. They are dolls! I am a doll doctor!

1 위 글의 주제로 가장 알맞은 것은?

① 인형 의사가 하는 일
② 인형과 인간의 차이점
③ 인형 의사가 되는 방법
④ 오래된 인형을 고치는 비법
⑤ 아이들이 인형을 좋아하는 이유

서술형

2 위 글의 밑줄 친 우리말에 맞게 ( ) 안에 주어진 단어를 이용하여 문장을 완성하시오.

_______ _______ _______ surgery, too? (do)

3 위 글에서 별표(*)가 표시된 문장을 모두 해석하시오.

unique [ju:ní:k] ⓗ 독특한 take care of …을 돌보다 patient [péiʃənt] ⓜ 환자 care [kɛər] ⓜ 돌봄, 보살핌 broken [bróukən] ⓗ 부러진; 고장이 난 clothing [klóuðiŋ] ⓜ 옷, 의복 designer [dizáinər] ⓜ 디자이너 (ⓓ design) clothes [klouz] ⓜ 옷, 의복 treatment [trí:tmənt] ⓜ 치료, 처치 thankful [θǽŋkfəl] ⓗ 감사하는 human [hjú:mən] ⓜ 인간 [문제] surgery [sə́:rdʒəri] ⓜ 수술

02

My friend Kerim is a Muslim. He **lives** in Korea, but he ① doesn't skip Ramadan. ★During that time, he **follows** some rules and **prays** to Allah. Then what is Ramadan?

It is a holy time for Muslims. It is the ninth month of the Muslim calendar. During Ramadan, Muslims ② wake up early in the morning. They **pray** to Allah until the sun ③ rises. They **pray** five times a day. Also, they ④ doesn't eat or **drink** during the day. ★After the sun **sets**, they **have** a meal. During Ramadan, Muslims also **give** up bad habits and ⑤ think about the people around them. ★Therefore, during this month, they **do not drink** or **smoke**. They also **do** many charitable activities.

*Muslim 이슬람교도
*Allah 알라신 (이슬람교의 유일신)

1 Ramadan에 관한 설명 중 위 글의 내용과 일치하지 않는 것은?

① 이슬람교도 달력으로 9번째 달에 있다.
② 이슬람교도들은 하루에 5번 기도한다.
③ 낮 시간에는 물만 마실 수 있다.
④ 해가 지고 나서야 식사를 한다.
⑤ 많은 자선 활동을 한다.

2 위 글의 밑줄 친 ①~⑤ 중 어법상 틀린 것은?

① ② ③ ④ ⑤

3 위 글에서 별표(★)가 표시된 문장을 모두 해석하시오.

skip [skip] 동 거르다, 빼먹다 follow [fálou] 동 따라가다; *(지시 등을) 따르다 rule [ruːl] 명 규칙 pray [prei] 동 기도하다 holy [hóuli] 형 신성한 calendar [kǽləndər] 명 달력 rise [raiz] 동 오르다; *(해 · 달이) 뜨다 set [set] 동 놓다; *(해 · 달이) 지다 give up 포기하다, 그만두다 habit [hǽbit] 명 습관 charitable [tʃǽritəbl] 형 자선의 activity [æktívəti] 명 활동

UNIT 3 | 시제 1

A 현재시제 현재의 동작이나 상태, 습관, 불변의 진리 등을 나타낼 때 사용

1 I **have** one brother and two sisters.
2 The bank **opens** at nine o'clock.
3 The early bird **catches** the worm.

1 나는 남동생 한 명과 여동생 두 명이 있다.
2 그 은행은 9시에 문을 연다.
3 일찍 일어나는 새가 벌레를 잡는다.

1 현재의 동작이나 상태
2 일상적인 습관이나 반복되는 동작
3 불변의 진리·속담·격언 등

Check-up **우리말과 일치하도록 (   ) 안의 말을 이용하여 문장을 완성하시오.**

1 태양은 동쪽에서 뜬다. (rise) → The sun _______ in the east.
2 우리는 지금 우체국에 있다. (be) → We _______ in the post office now.
3 나는 아침 7시에 아침을 먹는다. (eat) → I _______ breakfast at seven in the morning.

B 과거시제 이미 끝난 과거의 동작, 상태나 역사적 사실 등을 나타낼 때 사용

ⓐ be동사의 과거시제

1 I **was** in Tokyo last week.
2 Brian and Andy **weren't** sick yesterday.
3 **Were you** late for school? – No, I wasn't.

1 나는 지난주에 도쿄에 있었다.
2 Brian과 Andy는 어제 아프지 않았다.
3 너는 학교에 지각했니?
 – 아니, 그렇지 않았어.

1 **be동사의 과거형:** am, is의 과거형은 was / are의 과거형은 were
2 **부정문:** was not[wasn't] / were not[weren't]
3 **의문문:** 「Was / Were + 주어 …?」 – **대답:** 「Yes, 주어 + was / were.」 / 「No, 주어 + wasn't / weren't.」

Check-up **우리말과 일치하도록 문장을 완성하시오.**

1 Lucy와 Jim은 어젯밤에 집에 있지 않았다.
Lucy and Jim _______ _______ at home last night.
2 Q: Edison은 과학자였니? – A: 응, 그랬어.
Q: _______ Edison a scientist? – A: _______, _______ _______.
3 Q: 너희들은 작년에 같은 반이었니? – A: 아니, 그렇지 않았어.
Q: _______ _______ in the same class last year? – A: _______, _______ _______.

ⓑ 일반동사의 과거시제

1 I **watched** TV last night.
She **studied** in Sydney a year ago.
World War II **broke** out in 1939.
2 They **did not go** to school yesterday.
3 **Did** you **play** tennis this afternoon? – Yes, we did.

1 나는 어젯밤에 TV를 시청했다.
그녀는 일 년 전에 시드니에서 공부했다.
제2차 세계대전은 1939년에 발발했다.
2 그들은 어제 학교에 가지 않았다.
3 너희는 오늘 오후에 테니스를 쳤니?
– 응, 그랬어.

1 일반동사의 과거형

규칙 변화	대부분의 동사	동사원형+-ed	want**ed** play**ed** help**ed**
	-e로 끝나는 동사	동사원형+-d	love**d** like**d** live**d**
	「자음+y」로 끝나는 동사	y를 i로 고치고+-ed	stud**ied** cr**ied** tr**ied**
	「단모음+단자음」으로 끝나는 동사	자음을 한 번 더 쓰고+-ed	stop**ped** plan**ned** drop**ped**
불규칙 변화	현재형과 과거형이 같은 동사	cut → **cut** put → **put** hit → **hit** let → **let** read → **read**[red]	
	현재형과 과거형이 다른 동사	have → **had** do → **did** go → **went** come → **came** eat → **ate** make → **made** buy → **bought** take → **took** see → **saw**	

2 **부정문:** 주어의 수와 인칭에 관계없이 「did not[didn't]+동사원형」

3 **의문문:** 주어의 수와 인칭에 관계없이 「Did+주어+동사원형 …?」
• 대답: 「Yes, 주어+did.」/「No, 주어+didn't.」

> **독해 비법** 현재형과 과거형이 같은 동사를 올바른 시제로 해석하는 방법
> **1** 주어가 3인칭 단수인 경우, 동사 뒤에 -(e)s가 붙어 있으면 현재로, 붙어 있지 않으면 과거로 해석한다.
> He **puts** sugar in his coffee. *vs.* He **put** sugar in his coffee.
> 그는 커피에 설탕을 **넣는다.** 그는 커피에 설탕을 **넣었다.**
> **2** 주어가 3인칭 단수가 아닌 경우, 과거를 나타내는 부사(구) (예) last night[week, month, year], ago, yesterday)의 존재 여부나, 앞뒤 문맥을 통해 시제를 파악하여 해석한다.
> I **read** the Harry Potter series three years *ago*. 나는 3년 *전*에 해리포터 시리즈를 **읽었다.**

Check-up 우리말과 일치하도록 ( ) 안의 말을 이용하여 문장을 완성하시오.

1 나는 그 빵을 칼로 잘랐다. (cut)
I ________ the bread with a knife.
2 그는 접시를 바닥에 떨어뜨렸다. (drop)
He ________ a plate on the floor.
3 Amy는 어제 Henry를 도와주지 않았다. (help)
Amy ________ ________ Henry yesterday.
4 나는 차를 사지 않았다. 나는 자전거를 샀다. (buy)
I ________ ________ a car. I ________ a bicycle.
5 Q: 너는 점심을 먹었니? – A: 아니, 안 먹었어. (have)
Q: ________ ________ ________ lunch? – A: ________, ________ ________.

Sentence Writing with Grammar

우리말과 일치하도록 (   ) 안의 말을 이용하여 문장을 완성하시오.

1 나는 매일 일찍 일어난다. (get up)

______________________________ early every day.

▶ 현재의 동작이나 상태, 습관이나 반복되는 동작, 속담이나 불변의 진리를 나타낼 때 현재시제를 사용한다.

2 그는 어젯밤에 배가 고팠다. (hungry)

______________________________ last night.

▶ be동사 am, is의 과거형은 was, are의 과거형은 were이다.

3 그들은 친한 친구는 아니었다. (close friends)

____

▶ be동사의 과거시제 부정문은 was not[wasn't]/were not[weren't]을 쓴다.

4 Q: 너희들은 2년 전에 캐나다에 있었니? – A: 아니, 그렇지 않았어. (in Canada)

Q: ______________ two years ago? – A: ______________

▶ be동사의 과거시제 의문문은 「Was/Were+주어 …?」이며, 긍정은 「Yes, 주어+was/were.」, 부정은 「No, 주어+wasn't/weren't.」로 답한다.

5 그 아기는 우유를 원해서, 크게 울었다. (the baby, want, cry)

______________ some milk, so he ________ loudly.

▶ 일반동사의 과거형이 규칙 변화할 시, 대부분의 동사는 동사 뒤에 -ed 또는 -d를 붙이고, 「자음+y」로 끝나는 동사는 y를 i로 고치고 -ed를 붙인다.

6 어제 Mrs. Brown은 아침을 먹고 신문을 읽었다. (have, read)

Yesterday, ______________ breakfast and ________ the newspaper.

▶ 과거형이 불규칙하게 변화하는 일반동사의 경우, 현재형과 과거형이 같은 동사와 다른 동사가 있음에 유의한다.

7 나는 오늘 아침에 이메일을 쓰지 않았다. (write, emails)

______________________________ this morning.

▶ 일반동사의 과거시제 부정문은 「did not[didn't]+동사원형」이다.

8 Q: 너는 그 영화가 재미있었니? (enjoy, the movie) – A: 아니, 그렇지 않았어.

Q: ______________ – A: ______________

▶ 일반동사의 과거시제 의문문은 「Did+주어+동사원형 …?」이며, 긍정은 「Yes, 주어+did.」, 부정은 「No, 주어+didn't.」로 답한다.

A

In the novel *The Color Purple*, the writer Alice Walker **wrote**, "Tea to the English (A) [is / was] really a picnic indoors." I **think** my friend Amy (B) [feel / feels] the same way. She **is** from England. Every day at four o'clock in the afternoon, she (C) [enjoys / enjoyed] a cup of tea.

1 위 글의 (A), (B), (C) 각 네모 안에서 어법에 맞는 표현을 골라 쓰시오.

(A) ________ (B) ________ (C) ________

A

- 일반동사의 과거시제
- 현재시제

novel [nάvəl] ⓜ 소설
writer [ráitər] ⓜ 작가
the English 잉글랜드인들
picnic [píknik] ⓜ 소풍
indoors [ìndɔ́:rz] ⓟ 실내에서
way [wei] ⓜ 방법, 방식
England [íŋglənd] ⓜ 잉글랜드

B

One day, a patient (A) make a wallet for her doctor. But the doctor **didn't like** it. He (B) want money. He **returned** the wallet and **said**, "I **cured** you. The fee **is** $100." Then the patient **took** ten hundred-dollar bills from the wallet. She (C) give one bill to the doctor and **kept** the rest.

1 글의 마지막에 의사가 느꼈을 심정으로 가장 알맞은 것은?

① 슬프다 ② 고맙다 ③ 화가 난다 ④ 실망스럽다 ⑤ 안심이 된다

2 위 글의 밑줄 친 (A), (B), (C)를 알맞은 형태로 고쳐 쓰시오.

(A) ________ (B) ________ (C) ________

B

- 일반동사의 과거시제
- 현재시제

wallet [wálit] ⓜ 지갑
return [ritə́:rn] ⓢ 돌려주다
cure [kjuər] ⓢ (아프지 않도록) 낫게 하다
fee [fi:] ⓜ 수수료, 요금
bill [bil] ⓜ 지폐
keep [ki:p] ⓢ 유지하다; *가지고 있다 (keep-kept)
rest [rest] ⓜ 휴식; *나머지

Actual Reading

01

I'd like to tell a story about my wife. *I **love** my wife, but sometimes she **is** just too talkative. Every day, she ① <u>talks</u> on the phone for hours and hours. Every month, we ② <u>get</u> a huge phone bill, and it **bothers** me. *However, a few days ago, something strange **happened**. That day, as usual, the phone **rang**, and my wife immediately ③ <u>picks</u> it up. She **started** chatting away. But this time she ④ <u>hung</u> up after only 20 minutes. I ⑤ <u>was</u> surprised and happy. I **said**, "I **guess** that person **was** busy." "No," **answered** my wife. "*It **was** a wrong number."

1 여자의 마지막 말을 들은 남자의 심정으로 가장 알맞은 것은?

① 슬프다　　② 안심된다　　③ 초조하다
④ 당황스럽다　　⑤ 만족스럽다

2 위 글의 밑줄 친 ①~⑤ 중 어법상 <u>틀린</u> 것은?

①　　②　　③　　④　　⑤

3 위 글에서 별표(*)가 표시된 문장을 모두 해석하시오.

talkative[tɔ́:kətiv] 형 수다스러운　huge[hjuːdʒ] 형 막대한　bill[bil] 명 고지서, 청구서　bother[bɑ́ðər] 동 신경 쓰이게 하다　strange[streindʒ] 형 이상한　happen[hǽpən] 동 발생하다　as usual 늘 그렇듯이　ring[riŋ] 동 전화가 울리다 (ring-rang)　immediately[imíːdiətli] 부 즉시　pick up …을 집어올리다　chat away 떠들다　hang up 전화를 끊다　guess[ges] 동 추측하다, 짐작하다　wrong number 잘못 걸린 전화

02

Cindy's Blog

HOME PROFILE VIDEO FAVORITE BOOKMARK MESSAGE

My Trip to Cancun

Hi, everyone! Guess what! I **am** in Cancun, Mexico! Yesterday, my friend Cathy and I (A) <u>get</u> on a plane in LA. *Four hours later we **were** in paradise! Cancun **is** a beautiful city. Its name **means** "snake's nest," but there isn't even one snake around here.

*We **were** very tired yesterday, so we **didn't do** anything. But today we **woke** up very early. We **swam** in the ocean and (B) <u>play</u> in the sand. The weather **was** perfect, and the water **was** crystal clear. We even **saw** some dolphins in the sea! Cancun **is** famous for its white sand. *So, after lunch, we **went** back to the beach and **made** a giant sand castle. I (C) <u>take</u> some pictures of it.

Cancun **is** really fun. I **don't want** to leave!

1 위 글의 내용과 일치하지 <u>않는</u> 것은?

① Cindy와 Cathy는 현재 멕시코에 있다.
② LA에서 Cancun까지 비행기로 4시간이 걸린다.
③ Cancun이라는 이름은 뱀과 관련이 있다.
④ Cindy와 Cathy는 수족관에서 돌고래를 봤다.
⑤ Cancun은 하얀 모래로 유명하다.

2 위 글의 밑줄 친 (A), (B), (C)를 알맞은 형태로 고쳐 쓰시오.

(A) ________ (B) ________ (C) ________

3 위 글에서 별표(*)가 표시된 문장을 모두 해석하시오.

trip [trip] 여행 get on (버스·비행기 등을) 타다 paradise [pǽrədàis] 명 (지상) 낙원 mean [miːn] 동 …라는 뜻이다 nest [nest] 명 둥지; *보금자리 ocean [óuʃən] 명 대양, 바다 weather [wéðər] 명 날씨 crystal clear (유리·물 등이) 수정같이 맑은 dolphin [dάlfin] 명 돌고래 famous [féiməs] 형 유명한 giant [dʒáiənt] 형 거대한 castle [kǽsl] 명 성 take a picture of …의 사진을 찍다 leave [liːv] 동 떠나다

UNIT 4 | 시제 2

A 진행시제 특정한 시점에서 진행 중인 일을 나타낼 때 사용

1 He **is watching** TV now.
We **were lying** on the beach.
2 Jamie **is not coming** home now.
3 **Were** you **sitting** on the sofa? – Yes, I was.

1 그는 지금 TV를 보고 있다.
우리는 해변에 누워 있었다.
2 Jamie는 지금 집에 오고 있지 않다.
3 너는 소파에 앉아 있었니? – 응, 그랬어.

1 현재 및 과거 진행시제

- 현재 진행시제: 「be동사의 현재형(am, are, is)+v-ing」 '…하고 있다'
- 과거 진행시제: 「be동사의 과거형(was, were)+v-ing」 '…하고 있었다'

※ v-ing 만드는 법

대부분의 동사	동사원형+-ing	look**ing** work**ing** study**ing**
-e로 끝나는 동사	e를 빼고+-ing	com**ing** giv**ing** tak**ing**
-ie로 끝나는 동사	ie를 y로 고치고+-ing	lie → **lying** die → d**ying**
「단모음+단자음」으로 끝나는 동사	자음을 한 번 더 쓰고+-ing	sit**ting** get**ting** run**ning**

2 부정문: 「be동사+not+v-ing」

3 의문문: 「be동사+주어+v-ing …?」 – 대답: 「Yes, 주어+be동사.」/「No, 주어+be동사+not.」

※ 진행형으로 쓰지 않는 동사: 소유나 감정, 상태 등을 나타내는 have, love, like, hate, know 등

Check-up 우리말과 일치하도록 ( ) 안의 말을 이용하여 문장을 완성하시오.

1 나는 거짓말을 하고 있지 않다. 나는 사실을 말하고 있다. (lie, tell)
I ________________. I ________________ the truth.

2 Tim은 학교에 걸어가고 있었다. 그는 버스를 타고 있지 않았다. (walk, take)
Tim ________________ to school. He ________________ the bus.

3 Q: 그들은 지금 수영장에서 수영을 하고 있니? – A: 아니, 그렇지 않아. (swim)
Q: ________________ in the pool now? – A: No, ________________.

B 미래시제 미래의 동작이나 상태를 나타낼 때 사용

ⓐ will

1 We **will** play soccer after school.
2 Tom **will not** be home tonight.
3 **Will** you go to the grocery store later? – Yes, I will.

1 우리는 방과 후에 축구를 할 것이다.
2 Tom은 오늘 밤에 집에 없을 것이다.
3 너는 나중에 식료품점에 갈 거니?
– 응, 그럴 거야.

1 **긍정문:** 「will + 동사원형」 '…할 것이다'

2 **부정문:** 「will + not + 동사원형」 (축약형: 「won't + 동사원형」)

3 **의문문:** 「Will + 주어 + 동사원형 …?」 – 대답: 「Yes, 주어 + will.」 / 「No, 주어 + won't.」

Check-up **다음 문장을 will을 이용하여 미래시제로 바꿔 쓰시오.**

1 Justin is a singer. → ______________________

2 We don't stay up late. → ______________________

3 Do they take a yoga class? → ______________________

ⓑ be going to

1 I **am going to** work on Sunday.
2 Sue **is not going to** be free tomorrow.
3 **Are** they **going to** study in the library? – No, they aren't.

1 나는 일요일에 일을 할 것이다.
2 Sue는 내일 한가하지 않을 것이다.
3 그들은 도서관에서 공부할 거니?
– 아니, 그러지 않을 거야.

1 **긍정문:** 「be동사 + going to + 동사원형」 '…할 것이다', '…할 예정이다'

2 **부정문:** 「be동사 + not + going to + 동사원형」

3 **의문문:** 「be동사 + 주어 + going to + 동사원형 …?」 – 대답: 「Yes, 주어 + be동사.」 / 「No, 주어 + be동사 + not.」

※ will이나 be going to 없이도 미래를 나타내는 경우

1. 현재시제를 사용: 대중교통 시간표처럼 정해져 있는 일을 나타낼 때
The train **arrives** at 9:00 tonight. 그 기차는 오늘 밤 9시에 **도착할 것이다.**

2. 현재 진행시제를 사용: 가까운 미래에 예정되어 있는 일을 나타낼 때
I **am leaving** for Paris in an hour. 나는 한 시간 뒤 파리로 **떠날 것이다.**

독해 비법

be going to의 두 가지 의미

1 be going to 뒤에 동사원형이 오는 경우 미래시제로 해석한다.
Adam **is going to** *see* Eve tomorrow. Adam은 내일 Eve를 **만날 것이다.**

2 be going to 뒤에 장소를 나타내는 명사(구)가 오는 경우, 보통 동사 go의 현재진행형으로 해석한다.
Judy **is going to** *the flower shop*. Judy는 꽃가게에 **가고 있다.**

Check-up **우리말과 일치하도록 be going to와 ( ) 안의 말을 이용하여 문장을 완성하시오.**

1 Harry는 새로운 휴대전화를 살 것이다. (buy)
______________________ a new cell phone.

2 나는 그 질문에 대답하지 않을 것이다. (answer)
______________________ the question.

3 Q: 너는 내일 쇼핑하러 갈 거니? – A: 응, 그럴 거야. (go shopping)
______________________ tomorrow? – A: ________, ______________.

4 Q: Emma는 한국을 방문할 예정이니? – A: 아니, 그러지 않을 거야. (visit)
______________________ Korea? – A: ________, ______________.

Sentence Writing with Grammar

우리말과 일치하도록 (   ) 안의 말을 이용하여 문장을 완성하시오.

1 나는 지금 게임을 하고 있지 않다. 나는 어머니를 도와드리고 있다. (play, help)

_______________ a game now. _______________ Mom.

▶ 특정 시점에 진행 중인 일을 나타낼 때 진행시제를 쓰며, 긍정문은 「be동사+v-ing」, 부정문은 「be동사+not+v-ing」이다. 현재 진행시제인 경우 be동사의 현재형을 쓴다.

2 그는 그때 한국에 살고 있지 않았다. 그는 중국에서 공부하고 있었다. (live, study)

_______________ in Korea at that time. _______________ in China.

▶ 과거 진행시제인 경우 be동사의 과거형을 쓴다. v-ing의 형태에 있어 -e로 끝나는 동사는 e를 빼고 -ing를 붙인다.

3 Q: 그들은 7시에 조깅을 하고 있었니? – A: 아니, 그렇지 않아. (jog)

Q: _______________ at 7:00? – A: _______________

▶ 진행시제의 의문문은 「be동사+주어+v-ing …?」이며, 긍정은 「Yes, 주어+be동사.」, 부정은 「No, 주어+be동사+not.」으로 답한다. v-ing의 형태에 있어 「단모음+단자음」으로 끝나는 동사는 마지막 자음을 한 번 더 쓰고 -ing를 붙인다.

4 Jenny는 친구들과 놀지 않을 것이다. 그녀는 낮잠을 잘 것이다. (will, hang out, take a nap)

_______________ with her friends. She _______________.

▶ 미래의 예측을 나타낼 때 will을 쓸 수 있으며, 긍정문은 「will+동사원형」, 부정문은 「will+not+동사원형(축약형: won't+동사원형)」이다.

5 Q. 너는 내일 부산에 갈 거니? – A: 아니, 안 갈 거야. (will, go to Busan)

Q: _______________ tomorrow? – A: _______________

▶ will이 사용된 미래시제의 의문문은 「Will+주어+동사원형 …?」이며, 긍정은 「Yes, 주어+will.」, 부정은 「No, 주어+won't.」로 답한다.

6 Tim은 집에서 저녁을 먹을 것이다. 그는 외식하지 않을 것이다. (be going to, have dinner, eat out)

_______________ at home. He _______________.

▶ 미래의 예측이나 예정된 계획을 나타낼 때 be going to를 쓸 수 있으며, 긍정문은 「be going to+동사원형」, 부정문은 「be동사+not+going to+동사원형」이다.

7 Q: 그들은 토요일에 수영하러 갈 거니? – A: 응, 그럴 거야. (be going to, go swimming)

Q: _______________ on Saturday? – A: _______________

▶ be going to가 사용된 미래시제의 의문문은 「be동사+주어+going to+동사원형 …?」이며, 긍정은 「Yes, 주어+be동사.」, 부정은 「No, 주어+be동사+not.」으로 답한다.

A

한 남자가 길을 걸어가고 있었다. Then he stopped and looked at the sky. A girl saw him, and she did the same thing. More people came, and they all looked at the sky. Finally, the girl asked the man, "What **are** you **looking** at?" "I have a nosebleed," he said.

*nosebleed 코피

A
진행시제

then [ðen] 부 그 다음에, 그러더니
more [mɔːr] 형 더 많은
finally [fáinəli] 부 마침내

서술형

1 위 글의 밑줄 친 우리말에 맞게 ( ) 안에 주어진 단어를 바르게 배열하여 문장을 완성하시오.

____________________ down the street. (walking, a man, was)

B

The famous novelist Kelly Anderson **is touring** the nation. And on September 21, she **is going to** visit the Sinclair Bookstore. She **will** read from her new novel. And if you buy a copy, she **will** sign it. This **will** be a free event, so sign up via the Sinclair Bookstore website today!

B
- 진행시제
- 미래시제 be going to
- 미래시제 will

novelist [nάːvəlist] 명 소설가
tour [tuər] 동 관광하다; *순회하다
nation [néiʃən] 명 나라
copy [kάpi] 명 복사본; *(책 등의) 한 부
sign [sain] 동 서명[사인]하다
free [friː] 형 무료의
sign up 등록하다, 신청하다
via [váiə] 전 …을 통해서

1 Sinclair 서점 행사에 관한 설명 중 위 글의 내용과 일치하지 않는 것은?

① 9월 중 열릴 예정이다.
② 소설가가 자신의 새 소설을 낭독할 것이다.
③ 소설가의 책을 구입하면 거기에 사인을 받을 수 있다.
④ 소정의 행사 참가비를 내야 한다.
⑤ 웹사이트에서 참여를 신청할 수 있다.

서술형

2 위 글의 밑줄 친 문장을 우리말로 옮기시오.

____

01

Thank you for coming to my short speech. Let me start with one of Aesop's fables.

<u>어느 날 까마귀 한 마리가 길 위를 날고 있었습니다.</u> She looked down and saw a crane. *The crane **was walking** beautifully down the road. The crow was jealous of the crane's walk. So she flew down to the road and thought, "*I **am going to** walk like that crane!" She practiced the crane's walk many times. However, she never mastered it. At the end, she even forgot her own walking style.

What do we learn from this story? It's simple — ______(A)______!

*If you copy other people, you **won't** succeed. How about you? ***Are** you **acting** like the crow now?

*Aesop's fables 이솝 우화

1 위 글의 빈칸 (A)에 들어갈 말로 가장 알맞은 것은?

① live a full life
② learn by mistake
③ change your habits
④ take people's advice
⑤ keep your own identity

서술형

2 위 글의 밑줄 친 우리말에 맞게 (　) 안에 주어진 단어를 이용하여 문장을 완성하시오.

One day, ________________ above a road. (a crow, fly)

3 위 글에서 별표(*)가 표시된 문장을 모두 해석하시오.

speech [spiːtʃ] 명 연설, 강연　crane [krein] 명 학　walk [wɔːk] 동 걷다 명 걸음걸이　crow [krou] 명 까마귀　jealous [dʒéləs] 형 질투하는　think [θiŋk] 동 생각하다 (think-thought)　practice [prǽktis] 동 연습하다　master [mǽstər] 동 완전히 익히다　forget [fərgét] 동 잊다 (forget-forgot)　copy [kɑ́ːpi] 동 따라 하다　succeed [səksíːd] 동 성공하다　[문제] mistake [mistéik] 명 실수　advice [ədváis] 명 충고　identity [aidéntəti] 명 신원; *독자성

02

Is trash only on the Earth? No, it isn't. It is in space too! Actually there are about 27,000 pieces of space junk out there.

Space junk is very dangerous. It often causes damage to spaceships. So, scientists (A) [are developing / were developing] some amazing plans. They **will** use nets, lasers, and even robots. *And they **will** bring all that junk back down to the Earth. When they bring the space junk back to the Earth, they **will** recycle it.

*These plans **will** cost millions of dollars. However, the scientists think we (B) [are saving / will save] some money in the future. *If we clean up space junk, our expensive spaceships **will** be safe!

1 위 글에서 우주 쓰레기 청소 계획에 관해 언급되지 <u>않은</u> 것은?

① 실시 이유　② 사용될 도구　③ 우주 쓰레기 처리 방법
④ 예상 비용　⑤ 투입될 인원 규모

2 위 글의 (A)와 (B)의 각 네모 안에서 어법에 맞는 표현을 골라 쓰시오.

(A) ____________　(B) ____________

3 위 글에서 별표(*)가 표시된 문장을 모두 해석하시오.

trash [træʃ] 명 쓰레기　space [speis] 명 우주　piece [piːs] 명 한 부분[조각]　junk [dʒʌŋk] 명 쓰레기　cause [kɔːz] 동 야기하다, …을 초래하다　damage [dǽmidʒ] 명 손상, 피해　spaceship [spéisʃìp] 명 우주선　develop [divéləp] 동 개발하다　amazing [əméiziŋ] 형 놀라운　net [net] 명 그물　recycle [riːsáikl] 동 재활용하다　cost [kɔːst] 동 (비용이) 들다　save [seiv] 동 모으다; *아끼다　future [fjúːtʃər] 명 미래

UNIT 5 | 조동사 1

조동사는 동사에 '능력', '추측', '의무' 등의 특별한 뜻을 더해주며, 그 뒤에는 항상 동사원형이 쓰임

A can

1 Chris **can** play the violin.
We **cannot[can't]** speak Spanish.
Can you understand the book easily?
2 You **can** have dessert.
Can I go home now?
3 **Can[Could] you** open the door?

1 Chris는 바이올린을 연주할 수 있다.
우리는 스페인어를 말할 수 없다.
당신은 그 책을 쉽게 이해할 수 있나요?
2 너는 후식을 먹어도 좋다.
제가 지금 집에 가도 될까요?
3 문 좀 열어 주시겠습니까?

1 **능력·가능:** '…할 수 있다' (=be able to)
Chris **is able to** play the violin.
We **are not able to** speak Spanish.
Are you **able to** understand the book easily?
2 **허락:** '…해도 좋다'
3 **요청:** '…해 줄래?', '…해 주시겠습니까?' (can의 과거형 could를 쓰면 더 공손한 표현)

Check-up 다음 밑줄 친 부분을 어법에 맞게 고치시오.

1 They can <u>are</u> good friends.
2 Can you <u>to wait</u> a minute?
3 She cannot <u>rides</u> a horse.
4 Are they able <u>dance</u> well?
5 Can I <u>able to speak</u> to Mr. Kim?

B may

1 You **may** take a picture here.
You **may not** use a cell phone in class.
May I ask a question?
2 Paul **may[might]** come here soon.
The news **may[might] not** be true.

1 너는 여기서 사진을 찍어도 좋다.
너는 수업 중에 휴대전화를 사용해서는 안 된다.
제가 질문을 해도 될까요?
2 Paul은 여기에 곧 올지도 모른다.
그 뉴스는 사실이 아닐지도 모른다.

1 **허락:** '…해도 좋다' (can보다 정중한 표현)

2 **불확실한 추측:** '…일지도 모른다' (may의 과거형 might는 가능성이 더 낮은 추측)

Check-up **우리말과 일치하도록 may와 (   ) 안의 말을 이용하여 문장을 완성하시오.**

1 제가 창문을 닫아도 될까요? (close)

_______ _______ _______ the window?

2 너는 의자에 앉아도 좋다. (sit)

_______ _______ _______ on the chair.

3 그들은 일본 사람이 아닐지도 모른다. (be)

_______ _______ _______ _______ Japanese.

C will

1 Tom **will** be 15 next year.

2 We **will** keep this secret.

I **will not [won't]** be late again.

3 **Will [Would] you** do the dishes?

1 Tom은 내년에 15살이 될 것이다.

2 우리는 이 비밀을 지킬 것이다.

나는 다시는 늦지 않을 것이다.

3 설거지 좀 해 주시겠습니까?

1 **미래:** '…할 것이다' (=be going to)

2 **의지:** '…할 것이다'

3 **요청:** '…해 줄래?', '…해 주시겠습니까?' (will의 과거형 would를 쓰면 더 공손한 표현)

Check-up **다음 문장을 우리말로 해석하시오.**

1 Will you turn on the radio?

→ ______________________________

2 They will not travel to Europe.

→ ______________________________

3 I will go jogging every morning.

→ ______________________________

독해 비법

「조동사 + be able to」의 의미 및 해석

1 **may [might] + be able to**: '…할 수 있을지도 모른다' (추측 + 능력·가능)

We **may be able to** catch the first train. 우리는 첫 기차를 **탈 수 있을지도 모른다.**

2 **will + be able to**: '…할 수 있을 것이다' (미래 + 능력·가능)

They **will be able to** attend the meeting on time. 그들은 제시간에 회의에 참석**할 수 있을 것이다.**

Sentence Writing with Grammar

우리말과 일치하도록 (　) 안의 말을 이용하여 문장을 완성하시오.

1 나는 그 문제를 쉽게 풀 수 있다. (can, solve, the problem)

__________________________ easily.

▶ can으로 '…할 수 있다'라는 능력 및 가능의 의미를 나타낼 수 있다.

2 너는 교실에서 모자를 써서는 안 된다. (can, wear, a hat)

__________________________ in the classroom.

▶ can으로 '…해도 좋다'라는 허락의 의미를 나타낼 수 있으며, 부정문은 cannot이나 축약형 can't를 쓴다.

3 그 규칙을 다시 설명해 주시겠습니까? (can, explain, the rule)

__________________________ again?

▶ 「Can you …?」를 써서 '…해 줄래?', '…해 주시겠습니까?'라는 요청의 의미를 나타낼 수 있다. can 대신 could를 쓰면 더욱 공손한 표현이 된다.

4 Robin은 그 차를 살 수 없다. (be able to, buy, the car)

____

▶ be able to로 '…할 수 있다'라는 능력 및 가능의 의미를 나타낼 수 있다.

5 너는 지금 자러 가도 좋다. (may, go to bed)

__________________________ now.

▶ may로 '…해도 좋다'라는 허락의 의미를 나타낼 수 있다.

6 그들은 외국에서 외롭다고 느낄지도 모른다. (may, feel, lonely)

__________________________ abroad.

▶ may로 '…일지도 모른다'라는 불확실한 추측을 나타낼 수 있다. may 대신 might를 쓰면 가능성이 더 낮은 추측을 나타낼 수 있다.

7 나는 일찍 일어날 것이다. 나는 늦잠을 자지 않을 것이다. (get up early, sleep in)

__________________ __________________

▶ will로 주어의 의지를 나타낼 수 있으며, 부정문은 will not이나 축약형 won't를 쓴다.

8 전화 좀 받아 주시겠습니까? (will, get the phone)

____

▶ 「Will you …?」를 써서 '…해 줄래?', '…해 주시겠습니까?'라는 요청의 의미를 나타낼 수 있다. will 대신 would를 쓰면 더욱 공손한 표현이 된다.

Basic Reading

A

Let's get into good, healthy habits! Eat right and exercise often. Then you (A) can get fit. Start with an easy thing and do it every day. My plan is simple — I (B) will run for ten minutes every morning. Many people **may** quit in the middle. However, don't stop. Make it your routine!

1 글쓴이의 주장을 모두 고르시오. (두 개)

① 운동은 매일 꾸준히 해야 한다.
② 너무 쉬운 운동은 운동 효과가 없다.
③ 달리기는 가장 좋은 운동 중 하나이다.
④ 자신에게 어렵지 않은 운동을 해야 한다.
⑤ 운동을 오래 할 경우 중간에 쉬어야 한다.

2 위 글의 밑줄 친 (A), (B)와 바꿔 쓸 수 있는 것끼리 짝지어진 것은?

(A)		(B)	(A)		(B)
① could	-	may	② could	-	might
③ would	-	could	④ are able to	-	might
⑤ are able to	-	am going to			

A
• can
• will
• may

healthy [hélθi] 형 건강한
right [rait] 형 바른 부 *바르게
exercise [éksərsàiz] 동 운동하다
fit [fit] 형 건강한
quit [kwit] 동 그만두다
in the middle 중간에
routine [ru:tí:n] 명 일상

B

(frogs, rain down, can) from the sky? Yes! ① It happened in a town in Serbia. ② The people there thought a plane dropped them. ③ Tornadoes **can** take frogs and fish from lakes and ponds. ④ Then, they drop them far away. ⑤ They **might** even drop them on your town!

서술형

1 위 글의 (   ) 안에 주어진 단어를 바르게 배열하여 문장을 완성하시오.

____

2 글의 흐름으로 보아 주어진 문장이 들어갈 위치로 가장 적절한 곳은?

However, scientists have a different explanation.

① ② ③ ④ ⑤

B
• can
• may

rain [rein] 동 비가 오다; *(비처럼) 쏟아지다
tornado [tɔ:rnéidou] 명 토네이도, 회오리바람
lake [leik] 명 호수
pond [pɑnd] 명 연못
far away 멀리
[문제]
explanation [èksplənéiʃən] 명 설명

01

I started middle school a month ago, but I think I already (A) found my feet. At first, I was scared of the new school. Everything seemed weird, and I missed my old friends. But I tried to fit in. First, I joined some clubs. *As you know, you **can** meet some nice new people in clubs. *Luckily, I **was able to** make a lot of friends there. And I started to learn new subjects. It was quite difficult for me at first, but I always paid attention in class. *Now I get good grades, and I (B) may be the top student in my math class. I love my new friends and classes. I am happy at my new school!

1 위 글의 밑줄 친 (A) found my feet이 의미하는 바로 가장 알맞은 것은?

① 뒤떨어지다　② 무서워하다　③ 익숙해지다
④ 흥미가 생기다　⑤ 과거를 그리워하다

2 위 글의 밑줄 친 (B) may와 같은 용법으로 쓰인 것은?

① You may stay with us.
② May I go to the bathroom?
③ We may not go home now.
④ The answer may not be right.
⑤ People may take pictures here.

3 위 글에서 별표(*)가 표시된 문장을 모두 해석하시오.

already [ɔːlrédi] ㊝ 이미, 벌써　scared [skɛərd] ㊞ 두려워하는　seem [siːm] ㊟ (…처럼) 보이다　weird [wiərd] ㊞ 기이한, 기묘한　miss [mis] ㊟ 그리워하다　fit in 맞추다, 적응하다　luckily [lʌ́kili] ㊝ 운 좋게　subject [sʌ́bdʒekt] ㊔ 과목　quite [kwait] ㊝ 꽤, 상당히　pay attention 주의를 기울이다　grade [greid] ㊔ 점수, 성적　top [tɑp] ㊞ 최고의; *일등의　[문제] stay [stei] ㊟ 머무르다

02

Today I looked for many strange things – a movie ticket, a coin from 1987, a Christmas card, and so on. ★You **might** wonder why. Well, I was on a scavenger hunt!

In this game, the basic rule is simple — find the items on the list quickly!

There are many unusual things on the list, so the game is difficult. If you find all of the things on the list first, you are the winner.

There are also some other rules. For example, you ___(A)___ buy the items. You also ___(B)___ use your own belongings. ★If you play that way, the game **will** be too easy and boring.

*scavenger hunt 물건 찾기 놀이

1 위 글의 제목으로 가장 알맞은 것은?

① Rules of Scavenger Hunts
② The Origin of Scavenger Hunts
③ Interesting Items for a Collection
④ Secrets of the Best Junk Collector
⑤ The World's Biggest Scavenger Hunt

2 위 글의 빈칸 (A)와 (B)에 공통으로 들어갈 말로 가장 알맞은 것은?

① can ② will ③ may
④ cannot ⑤ will not

3 위 글에서 별표(★)가 표시된 문장을 모두 해석하시오.

and so on 기타 등등 wonder [wʌ́ndər] ⓢ 궁금해하다 basic [béisik] ⓗ 기본적인 item [áitəm] ⓜ 물품 list [list] ⓜ 목록 quickly [kwíkli] ⓑ 빨리, 빠르게 unusual [ʌnjúːʒuəl] ⓗ 흔치 않은, 드문 winner [wínər] ⓜ 우승자 belonging [bilɔ́ːŋiŋ] ⓜ 소유물, 소지품 boring [bɔ́ːriŋ] ⓗ 지루한 [문제] origin [ɔ́ːridʒin] ⓜ 기원, 근원 interesting [íntərəstiŋ] ⓗ 흥미로운 collection [kəlékʃən] ⓜ 수집(품) collector [kəléktər] ⓜ 수집가

UNIT 6 | 조동사 2

A must

1 We **must** follow the rules.
You **must not[mustn't]** drive fast here.
2 She **must** be tired after work.

1 우리는 그 규칙들을 따라야 한다.
너는 여기서 빨리 운전해서는 안 된다.
2 그녀는 퇴근 후 피곤함에 틀림없다.

1 **의무:** '…해야 한다'
2 **강한 추측:** '…임에 틀림없다'
• 부정: cannot[can't] '…일 리가 없다'
That boy **cannot** be Kevin. He is in France now. 저 소년은 Kevin**일 리가 없다**. 그는 지금 프랑스에 있다.

독해 비법
다양한 의미의 cannot
cannot은 능력 · 가능, 허락, 추측의 다양한 의미로 해석될 수 있으므로 문맥을 통해 그 의미를 정확히 파악해야 한다.
1 능력 · 가능: '…할 수 없다'
He is just one month old. He **cannot** talk. 그는 단지 생후 1개월이다. 그는 말할 **수 없다**.
2 허락: '…하면 안 된다'
You **cannot** park here. This is a bus stop. 너는 여기에 주차**하면 안 된다**. 이곳은 버스 정류장이다.
3 추측: '…일 리가 없다'
Juliet looks so young. She **cannot** be married. Juliet은 매우 어려 보인다. 그녀가 결혼을 했을 **리가 없다**.

Check-up 다음 빈칸에 must, must not, cannot 중 알맞은 말을 쓰고, 각 문장을 해석하시오.

1 Alice is very honest. She __________ be a liar.
→ ______________________________

2 Everyone is studying quietly. You __________ be noisy.
→ ______________________________

3 That 7-year-old boy goes to college. He __________ be a genius.
→ ______________________________

B have to

1 He **has to** go to the dentist.
You **don't have to** hurry up.
Do I **have to** wear a suit?

1 그는 치과에 가야 한다.
너는 서두를 필요가 없다.
제가 정장을 입어야 합니까?

1 **의무:** '…해야 한다' (= must) (부정: don't[doesn't] have to '…할 필요가 없다')

> 독해 비법
> **must not vs. don't have to**
> must와 have to가 긍정문에서는 의미가 같지만, 부정문에서는 전혀 다른 의미가 됨에 주의해야 한다.
> You **must** see a doctor. 너는 병원에 가**야 한다**.
> = You **have to** see a doctor.
> You **must not** take medicine. 너는 약을 먹어**서는 안 된다**.
> ≠ You **don't have to** take medicine. 너는 약을 먹을 **필요가 없다**.

Check-up 다음 두 문장의 뜻이 같도록 빈칸에 알맞은 말을 쓰시오.

1 She must change trains in Daejeon.
= She ________ ________ ________ trains in Daejeon.

2 Must I give a tip to the waiter?
= ________ ________ ________ ________ ________ a tip to the waiter?

C should

1 You **should** study English every day.
You **should not [shouldn't]** eat junk food.
Should I answer the question?

1 너는 매일 영어를 공부해야 한다.
너는 정크 푸드를 먹어서는 안 된다.
제가 그 질문에 답해야 하나요?

1 **의무·충고:** '…해야 한다', '…하는 게 좋다'
※should는 must보다는 그 강제성의 정도가 약하며, 종종 윤리·도덕적 조언이나 충고에 사용됨

Check-up 우리말과 일치하도록 should와 (   ) 안의 말을 이용하여 문장을 완성하시오.

1 너는 문을 잠가야 한다. (lock, the door)
____

2 너희들은 침대 위에서 뛰면 안 된다. (jump)
________________________________ on the bed.

3 우리가 저녁 식사에 Carol을 초대해야 하나요? (invite)
________________________________ to dinner?

> 독해 비법
> 「조동사+have to」의 의미 및 해석
> 1 **may[might]+have to**: '…해야 할지도 모른다' (추측+의무)
> We **may have to** leave early. 우리는 일찍 떠나**야 할지도 모른다**.
> 2 **will+have to**: '…해야 할 것이다' (미래+의무)
> You **will have to** go to the post office. 너는 우체국에 가**야 할 것이다**.

Sentence Writing with Grammar

우리말과 일치하도록 (　) 안의 말을 이용하여 문장을 완성하시오.

1 우리는 위험에 처한 사람들을 도와야 한다. (must, help, people)

________________________ in danger.

▶ must로 '…해야 한다'라는 의무의 의미를 나타낼 수 있다.

2 너는 식사 전에 간식을 먹어서는 안 된다. (must, eat snacks)

________________________ before meals.

▶ must가 의무의 의미로 쓰일 때 부정문은 must not이며, 축약해 mustn't로도 쓸 수 있다.

3 Brad는 오늘 바쁜 것임에 틀림없다. (must, be, busy)

________________________ today.

▶ must로 '…임에 틀림없다'라는 강한 추측의 의미를 나타낼 수 있다.

4 그들은 내일 시험을 봐야 한다. (have to, take a test)

________________________ tomorrow.

▶ have to로 '…해야 한다'라는 의무의 의미를 나타낼 수 있다.

5 너는 Jake에게 사과할 필요가 없다. (have to, apologize)

________________________ to Jake.

▶ have to의 부정문은 don't[doesn't] have to이다.

6 그가 병원에 입원해야 하나요? (have to, stay)

________________________ in the hospital?

▶ have to의 의문문은 「Do[Does]+주어+have to+동사원형…?」이다.

7 우리는 외국어를 배워야만 한다. (should, learn, foreign languages)

____

▶ should로 '…해야 한다' 또는 '…하는 게 좋다'라는 의무나 충고를 나타낼 수 있다.

8 너는 이 수업을 빼져서는 안 된다. (should, skip, this class)

____

▶ should의 부정문은 should not을 쓰며, 축약해 shouldn't로도 쓸 수 있다.

Basic Reading

A

Do you want a thrilling experience? Then, you **should** try bungee jumping at the Kawarau Bridge in Queenstown, New Zealand! 당신이 어른일 필요는 없습니다. However, you **must** be over 10 years old and over 1.2 meters tall. Also, you **must not** weigh more than 235 kilograms.

*bungee jumping 번지 점프

서술형

1 위 글의 밑줄 친 우리말에 맞게 (   ) 안에 주어진 단어를 이용하여 문장을 완성하시오.

You ________ ________ ________ ________ an adult. (have to, be)

A
- should
- have to
- must

thrilling [θríliŋ] 형 흥분되는, 아주 신나는
experience [ikspíəriəns] 명 경험
over [óuvər] 부 …을 넘는
weigh [wei] 동 무게가 …이다
[문제]
adult [ədʌ́lt] 명 어른, 성인

B

Surprisingly, people can drown in the desert. Water cannot go down through the desert sand easily, so heavy rain sometimes causes floods. Therefore, when it rains in the desert, you ___(A)___ stay in a low place. You ___(B)___ go to high ground. And you **should** always pay attention to the weather report.

*drown 물에 빠져 죽다

서술형

1 다음 질문에 대한 답을 본문에서 찾아 영어로 쓰시오.

Q: According to the passage, why does heavy rain sometimes cause floods in the desert?

A: Because ________________________________.

2 위 글의 빈칸 (A)와 (B)에 들어갈 알맞은 말을 〈보기〉에서 골라 쓰시오.

〈보기〉 must	must not	don't have to

(A) ______________ (B) ______________

B
- must
- have to
- should

desert [dézərt] 명 사막
through [θruː] 전 …을 통해 [관통하여]
flood [flʌd] 명 홍수
heavy [hévi] 형 무거운; *(보통보다) 많은
low [lou] 형 낮은
ground [graund] 명 땅바닥, 지면
weather report 일기 예보

01

Actual Reading

Dynamic Asia Wants New Student Reporters

Dynamic Asia is a magazine about Asian culture. We are currently looking for writers for our magazine. They will write stories for us about cultural issues in Asia. *Writers **have to** write three articles every month and **should** take photos as well. *Applicants **must** be able to speak and write in Korean and English. If you are interested in the job, please send us your résumé and a sample article about Asian food culture. It ________ be about a different topic. *Your article **should** be at least two pages long in both Korean and English. *Also, you **do not have to** send us your photo. The application period is from February 4 to February 19. If you have any further questions, please contact us.

1 학생 기자 모집 공고에 관한 설명 중 위 글의 내용과 일치하지 <u>않는</u> 것은?

① 학생 기자는 한 달에 3개의 기사를 써야 한다.
② 아시아의 음식 문화에 대한 견본 기사를 제출해야 한다.
③ 견본 기사를 한글과 영어로 작성해야 한다.
④ 지원자는 이력서와 사진을 보내야 한다.
⑤ 접수 기간은 2월 4일부터 19일까지다.

2 위 글의 빈칸에 들어갈 말로 가장 적절한 것은?

① must ② should ③ have to
④ should not ⑤ doesn't have to

3 위 글에서 별표(*)가 표시된 문장을 모두 해석하시오.

Asia [éiʒə] ⓜ 아시아 (ⓗ Asian) reporter [ripɔ́ːrtər] ⓜ 기자 magazine [mæ̀gəzíːn] ⓜ 잡지 culture [kʌ́ltʃər] ⓜ 문화 (ⓗ cultural) currently [kə́ːrəntli] ⓑ 현재 article [ɑ́ːrtikl] ⓜ 글, 기사 as well 또한, 역시 applicant [ǽplikənt] ⓜ 지원자 résumé [rézumèi] ⓜ 이력서 at least 적어도 both A and B A와 B 둘 다 application [æ̀pləkéiʃən] ⓜ 지원 period [píːəriəd] ⓜ 기간 further [fə́ːrðər] ⓑ 추가의, 더 이상의 contact [kɑ́ntækt] ⓓ 연락하다

02

One day, a man drives up to a toll booth and says “I’m paying for the next two cars too.” When the next two drivers come to the toll booth, they hear “Someone already paid for you.” Imagine you are one of the two drivers.
*You must be happy because of the man.
This is an example of a “random act of kindness.” If one person does something nice for others, then they might do something nice for other people, too. In this way, kindness spreads around the world.
*Then **do** random acts of kindness **have to** be big? Not at all! *They **don’t have to** be big. Even small acts will work. Today, open a door for another person. That will be enough!

*toll booth 통행료 받는 곳, 도로 요금소

1 **글쓴이의 주장을 모두 고르시오. (두 개)**

① 운전 시 남에게 양보를 해야 한다.
② 부주의한 운전이 사고의 원인이 된다.
③ 친절한 행위가 더 나은 세상을 만든다.
④ 작은 친절이라도 실천하는 것이 중요하다.
⑤ 보이지 않는 곳에서도 선행을 실천해야 한다.

2 **위 글의 밑줄 친 must와 같은 용법으로 쓰인 것은?**

① We must be on time.
② They must work hard.
③ He must be mad at Sarah.
④ I must do this work right now.
⑤ You must not be late for class.

3 **위 글에서 별표(*)가 표시된 문장을 모두 해석하시오.**

drive[draiv] (동) 운전하다 ((명) driver 운전자) pay[pei] (동) 지불하다 next[nekst] (형) 다음의 hear[hiər] (동) 듣다 imagine[imǽdʒin] (동) 상상하다 random[rǽndəm] (형) 무작위의, 임의의 act[ækt] (명) 행동 kindness[káindnis] (명) 친절 spread[spred] (동) 퍼지다 work[wəːrk] (동) 일하다; 효과가 있다 (명) 일 another[ənʌ́ðər] (형) 또 하나의; *다른 [문제] mad[mæd] (형) (몹시) 화난

Word Review

다음 영어 단어의 우리말 뜻을 적으시오.

1 quiet	________	21 leave	________
2 different	________	22 sign up	________
3 sink	________	23 speech	________
4 tourist	________	24 jealous	________
5 delicious	________	25 practice	________
6 cheap	________	26 trash	________
7 popular	________	27 space	________
8 effort	________	28 cause	________
9 gym	________	29 develop	________
10 shout	________	30 explain	________
11 neighbor	________	31 lonely	________
12 correct	________	32 quit	________
13 unique	________	33 pay attention	________
14 take care of	________	34 wonder	________
15 patient	________	35 origin	________
16 skip	________	36 invite	________
17 fee	________	37 flood	________
18 huge	________	38 culture	________
19 strange	________	39 random	________
20 guess	________	40 spread	________

Chapter

2

명사, 관사, 대명사의 이해

Unit 1 명사와 관사 | **Unit 2** 대명사

UNIT 1 | 명사와 관사

A 셀 수 있는 명사

1 We need many **cups** and **dishes**.
She is the mother of two **babies**.
The **children** ate **fish** with **forks** and **knives**.

1 우리는 많은 컵과 접시가 필요하다.
그녀는 두 아기의 엄마이다.
그 아이들은 포크와 나이프로 생선을 먹었다.

1 셀 수 있는 명사의 단수형과 복수형: 단수는 「a/an+명사」, 복수는 -s를 붙이거나 불규칙하게 변화함

규칙 변화	대부분의 명사	명사+-s	pen**s** book**s** chair**s** dog**s** tree**s**
	-s, -ss, -x, -ch, -sh, -o로 끝나는 명사	명사+-es	bus**es** class**es** box**es** watch**es** dish**es** tomato**es** 〈예외〉 piano**s** photo**s**
	「자음+y」로 끝나는 명사	y를 i로 고치고+-es	baby → bab**ies** city → cit**ies**
	-f, -fe로 끝나는 명사	f, fe를 v로 고치고+-es	knife → kni**ves** leaf → lea**ves** 〈예외〉 roof**s** belief**s**
불규칙 변화	형태가 다른 것	man → **men** woman → **women** foot → **feet** tooth → **teeth** child → **children** mouse → **mice** ox → **oxen**	
	형태가 같은 것	fish → **fish** sheep → **sheep** deer → **deer**	

독해 비법 단수형과 복수형이 같은 명사의 단·복수 구별하는 방법

1 명사 앞의 관사나 수식어가 단수를 나타내는 것인지 복수를 나타내는 것인지 살핀다.
A hunter was following *a* **deer**. 한 사냥꾼이 **사슴 한 마리**를 쫓고 있었다.

2 명사 뒤의 동사가 단수형인지 복수형인지 살핀다.
The **sheep** *like* fresh grass. 그 **양들**은 신선한 풀을 좋아한다.

Check-up 다음 ( ) 안의 말을 이용하여 문장을 완성하시오.

1 I bought three ________. (watch)
2 There are many ________ in the yard. (leaf)
3 Two ________ are sitting on the bench. (woman)
4 New York and Paris are my favorite ________. (city)

B 셀 수 없는 명사

1 **Michael** lives in **Seoul**, **Korea**.
2 **Laughter** is the best medicine.
3 We cannot live without **air**.

1 Michael은 한국의 서울에 산다.
2 웃음이 최고의 약이다.
3 우리는 공기 없이 살 수 없다.

1 **고유명사:** 하나뿐인 사람, 사물, 장소 등의 고유한 이름 (France, Mt. Everest, Catherine 등)

2 **추상명사:** 눈에 보이지 않는 추상적인 개념을 지칭하는 명사 (love, health, hope, happiness, freedom 등)

3 **물질명사:** 정해진 모양이 없는 물질을 나타내는 명사 (bread, butter, milk, water, air, gold 등)

※물질명사는 물질을 세는 단위를 이용하여 나타낼 수 있으며, 복수를 나타낼 때는 단위를 복수형으로 쓴다.

a glass of	water, milk, juice	**a cup of**	tea, coffee	**a spoon of**	sugar, salt
a piece of	cake, paper, cheese	**a slice of**	pizza, toast	**a loaf of**	bread

Check-up **각 문장의 밑줄 친 부분을 어법에 맞게 고치시오.**

1 They traveled to an Italy.

2 The boy jumped with great happinesses.

3 I had two piece of pizzas and a glass of a juice.

C 관사

1 1) Vera is **a** fashion designer.
2) This magazine comes out once **a** month.
3) The car goes 80 km **an** hour.

2 1) I saw a movie. **The** movie was interesting.
2) Open **the** window, please.
3) **The** book on the desk is thick.
4) Tim plays **the** violin every day.

1 1) Vera는 패션 디자이너이다.
2) 이 잡지는 한 달에 한 번 나온다.
3) 이 차는 시간당 80 킬로미터를 간다.

2 1) 나는 영화를 한 편 봤다. 그 영화는 재미있었다.
2) 그 창문을 좀 열어 주세요.
3) 책상 위의 그 책은 두껍다.
4) Tim은 매일 바이올린을 연주한다.

1 부정관사 a / an

1) 막연한 하나를 나타낼 때
2) 하나를 나타낼 때 (=one)
3) '…마다', '…당' (=per)

2 정관사 the

1) 앞에 나온 명사를 다시 말할 때
2) 서로가 아는 것을 가리킬 때
3) 명사 뒤에 수식어구가 있어 가리키는 대상이 분명할 때
4) 관용적으로 쓰는 경우: 악기 이름(play the piano), 하나만 존재하는 것(the sun), 일부 매체(the Internet)

※관사를 쓰지 않는 경우: 식사명(have lunch), 운동경기명(play soccer), 교통수단(by car, on foot), 공항이나 역이름(Gimpo Airport, Seoul Station), 장소가 본래의 용도로 쓰이는 경우(go to school)

Check-up **빈칸에 a, an, the 중 알맞은 말을 쓰시오. (불필요하면 X를 할 것)**

1 Look at ________ sky. ________ sun is setting.

2 I met ________ girl in Paris. ________ girl told me the way to the Eiffel Tower.

3 Sam surfed ________ Internet in the house. Lisa played ________ tennis outside.

Sentence Writing with Grammar

우리말과 일치하도록 (   ) 안의 말을 이용하여 문장을 완성하시오.

1 그녀는 도서관에서 책 세 권을 빌렸다. (borrow, three, book)

______________________________ from the library.

▶ 셀 수 있는 명사 대부분의 복수형은 「명사+-s」이다.

2 Jenny는 양파 세 개와 토마토 다섯 개가 필요하다. (need, onion, tomato)

____

▶ 셀 수 있는 명사 중 -s, -ss, -x, -ch, -sh, -o로 끝나는 명사의 복수형은 「명사+-es」이다.

3 나는 카페에서 커피 세 잔을 주문했다. (order, cup, coffee)

______________________________ at the café.

▶ 셀 수 없는 명사 중 물질명사는 물질을 세는 단위를 이용하여 나타낼 수 있으며, 복수를 나타낼 때는 단위를 복수형으로 쓴다.

4 Daisy는 아침에 샌드위치를 하나 먹었다. (have, sandwich)

______________________________ in the morning.

▶ 막연한 하나를 나타낼 때 명사 앞에 부정관사 a/an을 쓴다.

5 그의 임금은 하루당 50달러이다. (be, fifty dollars, day)

His pay ______________________________.

▶ 명사 앞에 부정관사 a/an을 써서 '…마다', '…당'의 의미를 나타낼 수 있다.

6 그 문 좀 닫아 주시겠어요? (can, close, door)

____

▶ 서로가 아는 것을 가리킬 때 명사 앞에 정관사 the를 쓴다.

7 Jake는 달빛 아래서 기타를 쳤다. (play, guitar, under, moon)

____

▶ 악기 이름 앞이나 하나만 존재하는 명사 앞에 관용적으로 정관사 the를 쓴다.

8 우리는 걸어서 등교한다. (go, school, on, foot)

____

▶ 교통수단이나 장소가 본래의 용도로 쓰이는 경우 관용적으로 그 앞에 관사를 쓰지 않는다.

Basic Reading

A

Dad : I have **a** present for your birthday next week.

Son : Wow! Thank you, Dad. What is it?

Dad : I'll give you two rabbits and (A) an hamster. Then how many animals will we have?

Son : We will have seven pets.

Dad : Seven? How is that?

Son : We already have two birds and (B) two fishes! You gave them to me last year.

A
- 관사
- 셀 수 있는 명사

present [préznt] 명 선물
pet [pet] 명 반려동물
already [ɔːlrédi] 부 이미, 벌써

1 위 글의 밑줄 친 (A)와 (B)를 알맞은 형태로 고쳐 쓰시오.

(A) ______________ (B) ______________

B

One day, three ① mice were stealing some ② cheese and ③ potatoes from **the** kitchen. Suddenly, ④ a cat appeared. **The** father mouse shouted like **a** dog, "Bow-wow!" Then **the** cat ran away. His two ⑤ childs asked, "How did you do that, daddy?" **The** father mouse answered, "I learned **a** foreign language. It's very useful."

B
- 셀 수 있는 명사
- 셀 수 없는 명사
- 관사

steal [stiːl] 동 훔치다
suddenly [sʌdnli] 부 갑자기
appear [əpíər] 동 나타나다
shout [ʃaut] 동 소리치다
run away 달아나다
useful [júːsfəl] 형 유용한

1 위 글의 상황에 나타난 분위기로 가장 알맞은 것은?

① 슬프다 ② 웃기다 ③ 쓸쓸하다
④ 신비스럽다 ⑤ 긴박하다

2 위 글의 밑줄 친 ①~⑤ 중 어법상 틀린 것은?

① ② ③ ④ ⑤

Actual Reading

01

Mary and Patrick are on diets. However, they can't lose **weight**.
Here are **the** reasons why.

Mary: *I jog in **the** park near my house every morning. After that, I ① have breakfast at **a** snack bar. I order **a** low-calorie meal, such as **salad**, but I always eat ② two pieces of cake for **dessert**. What's worse, I often go back home ③ by a taxi.

Patrick: I ④ play tennis three days **a** week. And I start every day with ⑤ a cup of green tea. *However, I still have doughnuts every day at **lunch**. *And on weekends, I order some **pizza** and eat it with my friends.

1 Mary와 Patrick이 다이어트에 실패한 공통적인 원인으로 알맞은 것은?

① 걷는 것을 싫어한다.
② 운동을 하지 않는다.
③ 고열량 음식을 먹는다.
④ 물을 자주 마시지 않는다.
⑤ 몸에 좋은 음식을 먹지 않는다.

2 위 글의 밑줄 친 ①~⑤ 중 어법상 틀린 것은?

① ② ③ ④ ⑤

3 위 글에서 별표(★)가 표시된 문장을 모두 해석하시오.

be on a diet 다이어트 중이다 lose weight 살을 빼다 reason[ríːzn] ⓜ 이유 jog[dʒɑg] ⓢ 조깅하다 near[niər] ⓟ …의 가까이에
snack bar 간이 식당 low-calorie 칼로리가 낮은 what's worse 설상가상으로 green tea 녹차 weekend[wíːkend] ⓜ 주말

02

In **a** wedding, **the** bride throws **a** bouquet of flowers. *And one of **the** single **women** there catches it. This interesting custom came from **Europe** a long time ago. ***People** in **Europe** thought **a** bride's dress brought good (A) [luck / lucks]. When **the** wedding finished, single **women** took some pieces of **the** dress and kept them. *Later, however, wedding **dresses** became very expensive. So **people** came up with **an** idea — throw something nice, and **people** won't pay attention to **the** dress! *At that time, flowers were **a** symbol of (B) [a wealth / wealth]. So **the** bride threw **a** bouquet of flowers to **the** guests. That way, she could keep her dress clean and safe.

1 위 글의 주제로 가장 알맞은 것은?

① 최초의 웨딩드레스와 부케
② 부케를 던지는 관습의 유래
③ 유럽의 결혼식과 관련된 미신
④ 유럽의 전통적인 결혼식 풍습
⑤ 신부가 웨딩드레스를 입는 이유

2 위 글의 (A)와 (B)의 각 네모 안에서 어법에 맞는 표현을 골라 쓰시오.

(A) __________ (B) __________

3 위 글에서 별표(*)가 표시된 문장을 모두 해석하시오.

wedding [wédiŋ] 명 결혼식 bride [braid] 명 신부 throw [θrou] 동 던지다 a bouquet of flowers 꽃다발, 부케 single [síŋgl] 형 단 하나의; *독신인, 미혼의 custom [kʌ́stəm] 명 관습 luck [lʌk] 명 행운; *운 symbol [símbəl] 명 상징 wealth [welθ] 명 부, 재산 guest [gest] 명 손님, 하객

UNIT 2 | 대명사

A 인칭대명사 사람 또는 사물의 이름을 대신해서 쓰는 말

1 He is **our** teacher. We like **him**.
I lost **my** pen. Can I borrow **yours**?

1 그는 우리의 선생님이다. 우리는 그를 좋아한다.
나는 나의 펜을 잃어버렸어. 네 것 좀 빌려도 되니?

1 인칭대명사의 격변화

인칭	수	주격(…이, 가)	목적격(…을[를])	소유격(…의)	소유대명사(…의 것)
1인칭	단수	I	me	my	mine
	복수	we	us	our	ours
2인칭	단 · 복수	you	you	your	yours
3인칭	단수	he	him	his	his
		she	her	her	hers
		it	it	its	-
	복수	they	them	their	theirs

※고유명사의 소유격과 소유대명사는 뒤에 's를 붙여서 나타냄
It isn't **Sarah's** house. It's **Henry's**. 그것은 **Sarah**의 집이 아니다. 그것은 **Henry**의 것이다.

Check-up 다음 빈칸에 알맞은 인칭대명사를 쓰시오.

1 Emma is a famous singer. People love _______.
2 This green wallet is not _______. My wallet is black.
3 Mike is my classmate, but I don't know _______ phone number.

B 지시대명사 가까이 혹은 멀리 있는 대상을 가리키는 말

1 **This** is my boyfriend.
These are his dogs and cats.
2 **That** is her notebook.
Those are my brothers.

1 이 사람은 내 남자친구이다.
이것들은 그의 개들과 고양이들이다.
2 저것은 그녀의 공책이다.
저 사람들은 내 남동생들이다.

1 **this, these**: '이것', '이 사람', '이 …' (these는 this의 복수형)
• 비교적 가까이 있는 대상을 가리킬 때 사용

2 **that, those**: '저것', '저 사람', '저 …' (those는 that의 복수형)
• 비교적 멀리 있는 대상을 가리킬 때 사용

※this, these, that, those는 지시형용사로 쓰이기도 함
That girl is my cousin. **저** 소녀는 내 사촌이다.
These apples are delicious. **이** 사과들은 맛있다.

Check-up 우리말과 일치하도록 문장을 완성하시오.

1 이 질문들은 어렵다. → ________ questions are difficult.
2 이것은 너의 우산이니? → Is ________ your umbrella?
3 저것들은 Drake의 신발들이다. → ________ are Drake's shoes.

C 비인칭 주어 it

1 **It** is summer. **It** is sunny and hot.

1 여름이다. 날씨가 화창하고 덥다.

1 **비인칭 주어 it:** 시간, 날짜, 요일, 계절, 날씨, 거리 등을 나타낼 때 사용

독해 비법
비인칭 주어 **it**의 해석
비인칭 주어 it은 따로 해석하지 않으므로, '그것'이라고 해석하지 않도록 유의한다.
It is about 300 kilometers from Seoul to Busan. 서울에서 부산까지는 약 300km다.

Check-up 〈보기〉에서 알맞은 말을 골라 질문에 대한 대답을 완성하시오.

〈보기〉	two hours	Wednesday	six o'clock	windy

1 Q: What time is it? – A: ____________________
2 Q: What day is it today? – A: ____________________
3 Q: How's the weather today? – A: ____________________

D 부정대명사 정해지지 않은 불특정한 대상을 가리킬 때 사용

1 I don't have a pen. Can you lend me **one**?
2 Would you like **some** more?
I never saw **any** of your movies.

1 나는 펜이 없어. 하나 빌려 줄래?
2 좀 더 드시겠어요?
나는 너의 영화 중 어떤 것도 보지 못했다.

1 **one:** 앞에서 언급한 같은 종류의 불특정한 것을 가리킬 때 사용 (복수형: ones)
2 **some, any:** '조금', '몇 개' (주로 some은 긍정문과 권유문, any는 부정문과 의문문에서 사용)
※some, any는 부정형용사로 쓰이기도 함
I have **some** homework. 나는 **약간의** 숙제가 있다.
Do you have **any** ideas? 너는 좋은 생각이 **좀** 있니?

Check-up 다음 빈칸에 one, some, any 중 알맞은 말을 쓰시오.

1 I have no secrets. Do you have ________?
2 Mary needs a desk. She will buy ________ soon.
3 Jeremy doesn't have ________ money, but I have ________.

Sentence Writing with Grammar

우리말과 일치하도록 ( ) 안의 말을 이용하여 문장을 완성하시오.

1 Ann은 나의 조카딸이다. 나는 그녀와 자주 놀아준다. (niece, play with)

______________________ I often ______________________.

▶ 인칭대명사 I의 소유격은 my이며, she의 목적격은 her이다.

2 그것은 그의 휴대전화가 아니다. 그것은 Kate의 것이다. (cell phone)

______________________ ______________________

▶ 인칭대명사 he의 소유격은 his이며, 고유명사의 소유격과 소유대명사는 뒤에 's를 붙여서 나타낸다.

3 이것은 여우이고, 저것들은 늑대이다. (a fox, wolves)

______________________, and ______________________.

▶ 지시대명사 this(복수형 these)는 비교적 가까이 있는 대상을 가리킬 때, that(복수형 those)은 비교적 멀리 있는 대상을 가리킬 때 사용한다.

4 이 소년은 키가 크지만, 저 소년은 키가 작다. (tall, short)

______________________, but ______________________.

▶ this와 that은 지시형용사로 쓰이기도 한다.

5 겨울이다. 오늘은 눈이 온다. (winter, snowy)

______________________ ______________________ today.

▶ 비인칭 주어 it은 시간, 날짜, 요일, 계절, 날씨, 거리 등을 나타낼 때 사용한다.

6 나는 카메라가 없다. 나는 나의 친구에게서 하나를 빌릴 것이다. (will, borrow)

I don't have a camera. ______________________ from my friend.

▶ 부정대명사 one은 앞에서 언급한 것과 같은 종류의 불특정한 것을 가리킬 때 사용한다.

7 이 오이들은 신선해 보인다. 나는 조금 살 것이다. (will, buy)

These cucumbers look fresh. ______________________

▶ 부정대명사 some은 '조금', '몇 개'의 의미로 주로 긍정문과 권유문에서 사용한다.

8 나는 약간의 동전도 없어. 너는 조금이라도 가지고 있니? (have, coins)

______________________ ______________________

▶ 부정대명사 any는 '조금', '몇 개'의 의미로 주로 부정문과 의문문에서 사용하며 부정형용사로 쓰이기도 한다.

A

Vincent van Gogh had a hard life. He was poor and mentally ill. Fortunately, **his** brother Theo helped **him**. He sent **him** money and showed **him** love. They wrote about 700 letters to each other. Thanks to Theo, van Gogh left many great paintings. Now we can see **his** paintings and 그들의 편지들 중 몇 개 in museums.

*mentally ill 정신병이 있는

A
- 인칭대명사
- 부정대명사

hard [ha:rd] 형 단단한; *힘든
fortunately [fɔ́:rtʃənitli] 부 다행스럽게도
letter [létər] 명 편지
leave [li:v] 동 남기다 (leave-left)
painting [péintiŋ] 명 그림
museum [mju:zí:əm] 명 박물관, 미술관

1 위 글의 밑줄 친 우리말에 맞게 〈보기〉 중 알맞은 말을 이용하여 빈칸을 채우시오.

〈보기〉	some	any	one	we	you	they

_______ of _______ letters

2 위 글의 주제로 가장 알맞은 것은?

① 빈센트 반 고흐의 가난한 삶
② 빈센트 반 고흐의 슬픈 가정사
③ 빈센트 반 고흐의 뛰어난 예술성
④ 빈센트 반 고흐와 남동생과의 우애
⑤ 빈센트 반 고흐 남동생의 예술 작품

B

Look around **your** room. There might be ① some old toys. Do you still play with ② any of **them**?
The Happy Kids Organization will clean **your** old toys and give ③ it to poor children. Meet Rupa in Bangladesh. She wants a doll, but she cannot buy ④ one. With **your** donation, we can put a smile on ⑤ her face.

B
- 인칭대명사
- 부정대명사

look around (주위를) 둘러보다
organization [ɔ̀:rgənizéiʃən] 명 기관
donation [dounéiʃən] 명 기부, 기증
smile [smail] 명 미소

1 위 글의 밑줄 친 ①~⑤ 중 어법상 틀린 것은?

① ② ③ ④ ⑤

01

Actual Reading

I love shopping, but one time I made a big mistake. ★I was in a store with **my** friends, and I saw a really ugly vest. It was purple and had big green buttons. Immediately, I yelled out, "★Who in the world would wear **this**?" Then I turned around and saw the saleswoman. She was wearing the same one! She looked shocked. "Oh!" I said. "★**Yours** looks great, though." The saleswoman still looked upset. ★So **my** friends and I quickly left the store. It was very _________! I never went back to the store again!

서술형

1 위 글의 밑줄 친 the same one이 가리키는 것을 우리말로 쓰시오.

____

2 위 글의 빈칸에 들어갈 말로 가장 알맞은 것은?

① boring　② gloomy　③ amazing
④ cheerful　⑤ embarrassing

3 위 글에서 별표(★)가 표시된 문장을 모두 해석하시오.

ugly[ʌgli] ⓗ 못생긴　vest[vest] ⓜ 조끼　button[bʌ́tən] ⓜ 단추　immediately[imíːdiətli] ⓟ 즉시　yell out 소리치다　turn around 돌아서다　shocked[ʃakt] ⓗ 충격을 받은　though[ðou] ⓟ 그렇지만, 하지만　upset[ʌpset] ⓗ 기분이 상한　[문제] gloomy[glúːmi] ⓗ 우울한　cheerful[tʃíərfəl] ⓗ 발랄한, 쾌활한　embarrassing[imbǽrəsiŋ] ⓗ 난처한, 당황스러운

02

***It** was one day in November. A young soldier was riding a horse. **His** name was Martin. ***It** was cold and rainy, but he could stay warm because of **his** cloak. On the way, he saw a poor man on the road. The man didn't have enough clothes, and he was wet. *So Martin cut off **some** of **his** cloak and gave **it** to **him**. Later, he met another poor man. ① Martin gave **him** the rest of **his** cloak. ② Soon after, Martin became cold and wet, but he didn't regret **his** actions. ③ ***His** heart was full of love for **others**. ④ Then a wonderful thing happened. ⑤ Now, when there are warm days in November, people say, "**This** is the summer of St. Martin."

*cloak 망토
*St. 성(聖)…, 세인트(= Saint)

1 위 글의 제목으로 가장 알맞은 것은?

① St. Martin Events in November
② How St. Martin Helped People
③ Why People Respect St. Martin
④ Changes in November's Weather
⑤ The Origin of the "Summer of St. Martin"

2 글의 흐름으로 보아 주어진 문장이 들어갈 위치로 가장 적절한 곳은?

The rain stopped, and it became warm and sunny like summer.

① ② ③ ④ ⑤

3 위 글에서 별표(*)가 표시된 문장을 모두 해석하시오.

soldier[sóuldʒər] 명 군인 warm[wɔːrm] 형 따뜻한 poor[puər] 명 가난한 clothes[klouðz] 명 옷 wet[wet] 형 젖은 meet[miːt] 동 만나다 (meet-met) rest[rest] 명 나머지 soon after 곧, 얼마 지나지 않아 regret[rigrét] 동 후회하다 action[ǽkʃən] 명 행동 heart[haːrt] 명 심장; *마음 [문제] respect[rispékt] 동 존경하다

Word Review

다음 영어 단어의 우리말 뜻을 적으시오.

1	laughter	______	21	lend	______
2	medicine	______	22	niece	______
3	without	______	23	cucumber	______
4	freedom	______	24	coin	______
5	borrow	______	25	fortunately	______
6	steal	______	26	painting	______
7	appear	______	27	organization	______
8	shout	______	28	donation	______
9	run away	______	29	vest	______
10	useful	______	30	immediately	______
11	wedding	______	31	shocked	______
12	bride	______	32	though	______
13	throw	______	33	gloomy	______
14	single	______	34	cheerful	______
15	custom	______	35	embarrassing	______
16	luck	______	36	soldier	______
17	symbol	______	37	wet	______
18	wealth	______	38	regret	______
19	guest	______	39	action	______
20	cousin	______	40	respect	______

Chapter 3

수식어구 및 비교표현

Unit 1 형용사와 부사

Unit 2 비교표현

Unit 3 전치사

UNIT 1 | 형용사와 부사

A 형용사 명사나 대명사의 성질·상태, 수·양 등을 나타내는 말

ⓐ 형용사의 역할

1 Tom is a **kind** *boy*.
2 *This camera* is **expensive**.
You make *me* **angry**.

1 Tom은 친절한 소년이다.
2 이 카메라는 비싸다.
너는 나를 화나게 한다.

1 **수식:** 명사나 대명사의 앞이나 뒤에서 꾸밈
※ -thing, -body, -one으로 끝나는 대명사는 형용사가 뒤에서 수식
This company needs *someone* **new**. 이 회사는 **새로운** *누군가*를 필요로 한다.

2 **설명:** 주어나 목적어의 보어로 사용됨

Check-up 우리말과 일치하도록 〈보기〉의 형용사와 ( ) 안의 말을 이용하여 문장을 완성하시오.

〈보기〉	beautiful	small	strong	special

1 개미들은 작다. (ants)
________ are ________.
2 그녀는 아름다운 얼굴을 가지고 있다. (face)
She has a ________ ________.
3 나는 오늘 특별한 것을 하지 않았다. (anything)
I didn't do ________ ________ today.

ⓑ 수량 형용사 many, much, a lot of[lots of]

1 David has **many** *books*.
2 I don't have **much** *time*.
3 She met **a lot of[lots of]** *people* at the party.
We don't have **a lot of[lots of]** *homework*.

1 David는 많은 책을 가지고 있다.
2 나는 시간이 많이 없다.
3 그녀는 파티에서 많은 사람들을 만났다.
우리는 숙제가 많이 없다.

1 **many:** '많은' (셀 수 있는 명사의 복수형 앞에 쓰임)
2 **much:** '많은' (셀 수 없는 명사 앞에 쓰임)
3 **a lot of[lots of]:** '많은' (셀 수 있는 명사의 복수형이나 셀 수 없는 명사 앞에 쓰임)

Check-up 다음 빈칸에 many, much, a lot of 중 알맞은 말을 쓰시오. (복수 정답 가능)

1 They don't have ________ water.
2 The actor received ________ letters from his fans.
3 I can't give you ________ information about London.

B 부사 동사, 형용사, 다른 부사, 문장 전체에 '언제', '어디서', '어떻게' 등의 뜻을 더해주는 말

ⓐ 부사의 역할

1 I *slept* **well** last night.
That actress is **really** *beautiful*.
Luckily, *I found my ring* ***very easily***.

1 나는 어젯밤에 잘 잤다.
저 여배우는 정말로 아름답다.
다행히도, 나는 매우 쉽게 내 반지를 찾았다.

1 부사의 역할: 동사, 형용사, 다른 부사, 문장 전체를 수식

※부사의 형태

대부분의 형용사	형용사+ly	kind → kind**ly**	slow → slow**ly**	careful → careful**ly**
-y로 끝나는 형용사	-y → -ily	happy → happ**ily**	easy → eas**ily**	lucky → luck**ily**
형용사와 형태가 같은 부사	fast(빠른) → **fast**(빠르게)	early(이른) → **early**(일찍)	late(늦은) → **late**(늦게)	

독해 비법
-ly를 붙이면 다른 뜻의 부사가 되는 경우
부사에 -ly를 붙이면 다른 뜻의 부사가 되는 경우가 있으므로 해석에 유의하도록 한다.
late(늦게) → lately(최근에)　　high(높이) → highly(매우)
hard(열심히) → hardly(거의 …않다)　　near(가까이) → nearly(거의)

Check-up 다음 밑줄 친 부분을 어법에 맞게 고쳐 쓰시오.

1 The girl is smiling happy.
2 Greg drives his car fastly.
3 I went to bed lately last night.

ⓑ 빈도부사

1 She *is* **often** late for school.
You *can* **always** call me.
I **sometimes** *go* to the museum.

1 그녀는 학교에 자주 지각한다.
너는 나에게 언제든지 전화해도 좋다.
나는 때때로 박물관에 간다.

1 빈도부사: 일반적으로 be동사·조동사의 뒤, 일반동사의 앞에 위치

0% → 100%

never(한 번도 …않다)　sometimes(때때로)　often(자주)　usually(대개, 보통)　always(항상)

Check-up 우리말과 일치하도록 (　) 안의 말을 바르게 배열하여 문장을 완성하시오.

1 그는 항상 모든 사람에게 예의가 바르다. (always, polite, is)
He ______________ to everyone.
2 Kate는 보통 아침으로 시리얼을 먹는다. (usually, cereal, eats)
Kate ______________ for breakfast.
3 나는 절대 시험에서 부정행위를 하지 않을 것이다. (cheat, will, never)
I ______________ on a test.

Sentence Writing with Grammar

우리말과 일치하도록 ( ) 안의 말을 이용하여 문장을 완성하시오.

1 Maria는 똑똑한 소녀이다. (be, smart, a, girl)

____

▶ 형용사는 명사나 대명사를 앞이나 뒤에서 꾸미는 역할을 한다.

2 그는 차가운 무언가를 원한다. (want, cold, something)

____

▶ -thing, -body, -one으로 끝나는 대명사는 형용사가 뒤에서 수식한다.

3 Ryan은 친절하고 정직하다. (be, kind, honest, and)

____

▶ 형용사는 주어나 목적어의 보어로 사용될 수 있다.

4 그녀는 많은 친구들이 있지만, 그녀는 많은 돈을 가지고 있지는 않다. (have, friends, money)

______________________, but ______________________.

▶ many와 much는 둘 다 '많은'이라는 뜻이지만, many는 셀 수 있는 명사의 복수형 앞에, much는 셀 수 없는 명사 앞에 쓴다. 둘 다 a lot of[lots of]와 바꿔 쓸 수 있다.

5 Mrs. Brown은 매우 느리게 말한다. (speak, very, slow)

____

▶ 부사는 동사, 형용사, 다른 부사, 문장 전체를 수식한다. 대부분의 부사는 형용사에 -ly를 붙여서 만든다.

6 내일 비가 많이 올 것이다. (it, will, rain, heavy)

______________________________ tomorrow.

▶ -y로 끝나는 형용사는 -y를 -ily로 바꾸어 부사로 만들 수 있다.

7 그 의사는 매우 지적이다. (the doctor, be, high, intelligent)

____

▶ 부사에 -ly를 붙이면 다른 뜻의 부사가 되는 경우가 있다. high는 형용사로 '높은'이라는 의미와 부사로 '높이'라는 의미로 쓰이지만, highly는 '매우'라는 의미로 쓰인다.

8 나는 밤에 항상 배가 고프다. (always, be, hungry)

______________________________ at night.

▶ 빈도부사는 be동사 · 조동사의 뒤, 일반동사의 앞에 위치한다.

Basic Reading

A

Look at the tips of your fingers. There are some **special** patterns on them. They are fingerprints. Everyone's fingerprints are **totally unique**. Twins have the **same** DNA. However, they don't have the **same** fingerprints. Also, fingerprints can **never** go **away**. Some people, such as farmers, **frequently** use their hands, and <u>그들은 때때로 그들의 지문을 잃어버린다</u>. However, they grow **back**.

1 위 글의 밑줄 친 우리말에 맞게 ( ) 안에 주어진 단어를 이용하여 빈칸을 채우시오.

they ________ ________ their fingerprints (lose, sometimes)

A
- 형용사와 부사의 역할
- 빈도부사

tip[tip] 명 (뾰족한) 끝
pattern[pǽtərn] 명 무늬
fingerprint[fíŋgərprìnt] 명 지문
totally[tóutəli] 부 완전히
go away 없어지다
frequently[frí:kwəntli] 부 자주, 흔히
grow back (훼손된 뒤) 다시 자라다

B

Lake Baikal is a **huge** lake in Siberia, Russia. You can't (A) [easy / easily] reach the bottom because it's over a kilometer **deep**. This lake has **a lot of** water — 23,000 km^3. That's **enough** drinking water for everyone in the world for 40 years. Most of all, Lake Baikal is (B) [famous / famously] for its beauty. Its nickname is "the **blue** eye of Siberia."

1 위 글에서 Lake Baikal에 관해 언급되지 <u>않은</u> 것은?

① 위치 ② 깊이 ③ 너비 ④ 물의 양 ⑤ 별명

2 위 글의 (A)와 (B)의 각 네모 안에서 어법에 맞는 표현을 골라 쓰시오.

(A) ________ (B) ________

B
- 형용사와 부사의 역할
- 수량 형용사 a lot of

huge[hju:dʒ] 형 거대한
reach[ri:tʃ] 동 도달하다
bottom[bátəm] 명 바닥
deep[di:p] 형 깊은; *깊이가 …인
enough[inʌ́f] 형 (수량이) 충분한
drinking water 식수
beauty[bjú:ti] 명 아름다움, 미
nickname[níknèim] 명 별명

01

*One day, a **little** boy was trying to make his bed, but he couldn't do it **very well**. **Finally**, he gave up. *He was **sad**, and he said to his mother, "I tried (A) [hard / hardly], but my bed isn't **neat** at all!" *His mother **quickly** figured out the reason — he **only** took care of the blanket, not the sheet **underneath**. The boy forgot about the inside, and he **only** tried to fix the outside. **Many** people do this in their

lives. They fix their appearance with (B) [nice / nicely] clothes and makeup. *However, they **often** forget about the needs of their souls. Even if they (C) [great / greatly] improve their appearance, it doesn't make them **happy**.

1 위 글의 요지로 가장 알맞은 것은?

① 바쁠수록 여유를 가져야 한다.
② 노력하면 무엇이든 해낼 수 있다.
③ 외면보다 내면부터 가꾸어야 한다.
④ 누구나 잘하는 것이 한가지씩은 있다.
⑤ 창의적인 사고가 문제 해결에 도움이 된다.

2 위 글의 (A), (B), (C) 각 네모 안에서 어법에 맞는 표현이 바르게 짝지어진 것은?

	(A)	(B)	(C)
①	hard	nice	great
②	hard	nicely	greatly
③	hard	nice	greatly
④	hardly	nicely	greatly
⑤	hardly	nice	great

3 위 글에서 별표(*)가 표시된 문장을 모두 해석하시오.

make one's bed 침대를 정리하다 give up 포기하다 neat[ni:t] 형 정돈된, 단정한 figure out …을 알아내다 take care of …을 돌보다; …에 신경을 쓰다 blanket[blǽŋkit] 명 담요 sheet[ʃi:t] 명 시트(침대에 깔거나 위로 덮는 얇은 천) underneath[ʌ̀ndərní:θ] 부 …의 아래에 appearance[əpíərəns] 명 (겉)모습, 외모 makeup[méikʌ̀p] 명 화장 need[ni:d] 명 필요 soul[soul] 명 영혼 improve[imprú:v] 동 개선하다, 향상시키다

02

Many people get an ① upset stomach after they drink milk. Why does this happen? Well, milk contains lactose. Lactose is a type of sugar, but **many** people can't digest it ② easy. If you are one of these people, don't worry. *You can **still** enjoy milk products. First, soy milk doesn't contain any lactose. It is not ③ actually milk. It comes from soybeans, and they are **naturally** lactose-free. Second, there is lactose-free milk. Milk companies produce this. They remove the lactose from cow's milk. But lactose-free milk tastes **a little different** from **regular** milk. ④ Finally, cheese **usually** contains **only a little** lactose. *So **most** people can eat cheese without any problems. Cheese is a ⑤ good source of calcium and vitamin D for everyone.

*lactose 유당

1 위 글의 내용과 일치하지 않는 것은?

① 우유에는 유당이 들어있다.
② 두유를 만드는 콩에는 유당이 들어있지 않다.
③ 보통의 우유와 유당을 제거한 우유의 맛은 같다.
④ 치즈에는 매우 적은 양의 유당이 들어있다.
⑤ 치즈는 칼슘과 비타민 D 섭취를 돕는다.

2 위 글의 밑줄 친 ①~⑤ 중 어법상 틀린 것은?

①　　②　　③　　④　　⑤

3 위 글에서 별표(*)가 표시된 문장을 모두 해석하시오.

upset stomach 배탈　happen [hǽpən] ⓢ 발생하다　contain [kəntéin] ⓢ …이 들어있다　digest [daidʒést] ⓢ 소화하다　soybean [sɔ́ibìːn] ⓜ 콩, 대두　naturally [nǽtʃərəli] ⓑ 자연스럽게; *본래　produce [prədjúːs] ⓢ 생산하다　remove [rimúːv] ⓢ 치우다; *제거하다　regular [régjulər] ⓗ 규칙적인; *보통의　source [sɔːrs] ⓜ 원천, 근원

UNIT 2 | 비교표현

A 원급

1 I am **as tall as** you.
Tom can run **as fast as** Jim.

1 나는 너만큼 키가 크다.
Tom은 Jim만큼 빨리 달릴 수 있다.

1 **원급:** 「as + 원급 + as + 비교대상」 '…만큼 ~한[하게]'

Check-up 우리말과 일치하도록 ( ) 안의 말을 이용하여 문장을 완성하시오.

1 나는 할아버지만큼 일찍 일어났다. (early)
I got up _______ _______ _______ my grandfather.

2 이 반지는 네 목걸이만큼 비싸다. (expensive)
This ring is _______ _______ _______ your necklace.

B 비교급과 최상급

1 I can sing **better than** that singer.
This sofa is **more comfortable than** that chair.
2 A diamond is **the hardest** jewel in the world.
Math is **the most difficult** of all the subjects for me.

1 나는 그 가수보다 노래를 더 잘 부를 수 있다.
이 소파는 저 의자보다 더 편안하다.
2 다이아몬드는 세상에서 가장 단단한 보석이다.
나에게 수학이 모든 과목 중 가장 어렵다.

1 **비교급:** 「비교급 + than + 비교대상」 '…보다 더 ~한[하게]'
2 **최상급:** 「the + 최상급」 '가장 …한[하게]'
※ the + 최상급 + in + 장소 또는 범위를 나타내는 단수명사: '…안에서 가장 ~한[하게]'
the + 최상급 + of + 비교대상이 되는 복수명사: '…중에서 가장 ~한[하게]'

※비교급과 최상급을 만드는 법
1) 규칙변화

		원급	비교급	최상급
대부분의 형용사/부사	+ -er / -est	small	small**er**	small**est**
e로 끝나는 형용사/부사	+ -r / -st	nice	nice**r**	nice**st**
「자음 + y」로 끝나는 형용사/부사	y를 i로 고치고 + -er / -est	pretty	pretti**er**	pretti**est**
「단모음 + 단자음」으로 끝나는 형용사/부사	자음을 한 번 더 쓰고 + -er / -est	hot	hot**ter**	hot**test**
-ful, -ous, -ing, -ive 등으로 끝나는 대부분의 2음절어와 3음절 이상인 형용사/부사	more/most +	famous exciting	**more** famous **more** exciting	**most** famous **most** exciting

2) 불규칙 변화

good / well – **better** – **best**	little – **less** – **least**
many / much – **more** – **most**	bad / ill – **worse** – **worst**

독해 비법

원급 부정형의 해석

「A is not as + 원급 + as B」는 'A가 B만큼 …하지 않다'로 해석하며, 그 의미는 「B is + 비교급 + than A」, 즉 'B가 A보다 더 …하다'와 동일하다.

This chair is **not as heavy as** that table. 이 의자는 저 탁자**만큼 무겁지 않다**.

= That table is **heavier than** this chair. 저 탁자는 이 의자**보다 더 무겁다**.

Check-up 우리말과 일치하도록 ( ) 안의 말을 이용하여 문장을 완성하시오.

1 우리 중에서 누가 가장 예쁘니? (pretty)
Who is ______________ of us all?

2 사랑은 돈보다 더 중요하다. (important)
Love is ______________ money.

3 이 탑은 저 건물보다 더 높다. (tall)
This tower is ______________ that building.

4 그의 상태는 전보다 더 나쁘다. (bad)
His condition is ______________ before.

5 치타는 세상에서 가장 빠른 육지 동물이다. (fast)
Cheetahs are ______________ land animals in the world.

C 주의해야 할 비교표현

1 His house is **much bigger** than mine.
2 Russia is **one of the coldest countries** in the world.

1 그의 집은 내 집보다 훨씬 더 크다.
2 러시아는 세계에서 가장 추운 나라들 중에 하나다.

1 「**much, a lot, far, even + 비교급**」: '훨씬 더 …한[하게]'

2 「**one of the + 최상급 + 복수명사**」: '가장 …한 것들 중의 하나'

※ 「less + 원급 + than + 비교대상」: '…보다 덜 ~한[하게]'
Blue is **less bright than** yellow. 파란색은 노란색에 비해 **덜 밝다**.

Check-up 우리말과 일치하도록 ( ) 안의 말을 이용하여 문장을 완성하시오.

1 오늘이 어제보다 훨씬 더 춥다. (cold)
Today is ______________ yesterday.

2 Melbourne은 호주에서 가장 큰 도시들 중의 하나이다. (big, city)
Melbourne is ______________ in Australia.

3 그의 새 소설은 옛날 것들보다 덜 재미있다. (interesting)
His new novel is ______________ his old ones.

Sentence Writing with Grammar

우리말과 일치하도록 (   ) 안의 말을 이용하여 문장을 완성하시오.

1 그 아이는 어른만큼 많이 먹는다. (eat, much, an adult)

The child ______________________________.

▶ '…만큼 ~한'이라는 의미는 「as + 형용사/부사의 원급 + as + 비교대상」으로 쓴다.

2 John은 Peter보다 더 재미있다. (be, funny)

____

▶ '…보다 더 ~한[하게]' 의미는 「비교급 + than + 비교대상」으로 쓴다. 「자음 + y」로 끝나는 형용사나 부사의 비교급은 y를 i로 고치고 -er을 붙인다.

3 그 영화는 그 소설보다 더 흥미롭다. (the movie, be, interesting, the novel)

____

▶ 3음절 이상인 형용사나 부사는 그 앞에 more를 붙여 비교급을 만든다.

4 오늘은 일년 중에 가장 더운 날이다. (be, hot, day)

Today ______________________________ of the year.

▶ '가장 …한'이라는 의미는 「the + 최상급」으로 쓴다.

5 Karen은 이 반에서 가장 활동적인 학생이다. (be, active, student)

______________________________ in this class.

▶ -ful, -ous, -ing, -ive 등으로 끝나는 대부분의 2음절어나 3음절 이상의 형용사나 부사는 그 앞에 the most를 붙여 최상급을 만든다.

6 이 문제가 저 문제보다 훨씬 더 어렵다. (this problem, be, difficult, that one)

____

▶ much, a lot, far, even 등을 비교급 앞에 써서 '훨씬'이라는 의미로 비교급을 강조할 수 있다.

7 이것은 십 대들 사이에서 가장 인기 있는 노래들 중의 하나이다. (popular, song)

This is ______________________________ among teenagers.

▶ '가장 …한 것들 중의 하나'라는 의미는 「one of the + 최상급 + 복수명사」로 쓴다.

8 Mike는 그의 남동생보다 덜 독립적이다. (be, independent, brother)

____

▶ '…보다 덜 ~한[하게]'라는 의미는 「less + 원급 + than + 비교대상」으로 쓴다.

Basic Reading

A

I live with my mom and three sisters. I'm the only guy in the house. In the past, I often fought with my sisters. However, as I get **older**, 저는 전만큼 그들과 자주 싸우지는 않습니다. It seems that we get along, but it is still not easy for me.

서술형

1 위 글의 밑줄 친 우리말에 맞게 (　) 안에 주어진 단어를 바르게 배열하여 빈칸을 채우시오.

I don't fight with them ____________________. (as, before, often, as)

A
- 비교급
- 원급

guy [gai] ㉠ 남자
past [pæst] ㉠ 과거
fight [fait] ㉠ 싸우다 (fight-fought)
get along 사이좋게 지내다

B

Dogs cannot live together with their owners forever. Their lives are (A) short than ours. Most dogs die between the ages of 8 and 12. One dog died at 29, but that was the (B) long life of a dog in history. That's not a long life for a human.

1 위 글의 내용과 일치하면 T, 그렇지 않으면 F를 쓰시오.

(1) 개들의 수명은 보통 10년 내외이다. ________

(2) 역사상 30년을 넘게 산 개도 있었다. ________

2 위 글의 밑줄 친 형용사 (A)와 (B)를 알맞은 형태로 고쳐 쓰시오.

(A) ________________　(B) ________________

B
- 비교급
- 최상급

owner [óunər] ㉠ 주인
forever [forévər] ㉡ 영원히
life [laif] ㉠ 삶; *수명
between A and B A와 B 사이에
age [eidʒ] ㉠ 나이
history [hístəri] ㉠ 역사

Actual Reading

01

Hi Kelly,

How are you? As you know, I joined the school baseball team last year. I think 그건 내 인생에서 가장 힘든 시간이었어. I often felt frustrated because I wasn't good enough and always had to sit on the bench. But guess what! My coach says I will be able to play in real games this season! I practiced really hard last year. And I became the **best** pitcher and I hit the **most** homeruns during this preseason. I'm really excited about this season, and I think I will play well. I hope you can come to lots of my games and cheer for me!

Love,

Felix

1 위 글의 목적으로 가장 알맞은 것은?

① 상담 ② 감사 ③ 초대 ④ 위로 ⑤ 항의

2 위 글의 내용과 일치하지 않는 것은?

① Felix가 Kelly에게 쓰는 편지이다.
② Felix는 작년에 학교 야구팀에 가입했다.
③ Felix는 지난 시즌부터 실제 경기에 참여했다.
④ Felix는 작년에 야구 연습을 많이 했다.
⑤ Felix는 이번 시즌 전 동안 가장 많은 홈런을 쳤다.

서술형

3 위 글의 밑줄 친 우리말에 맞게 ( ) 안에 주어진 단어를 바르게 배열하여 빈칸을 채우시오.

______________________ of my life (was, hardest, the, it, time)

join [dʒɔin] 동 참여하다; *가입하다 frustrated [frʌ́strèitid] 형 좌절감을 느끼는 coach [koutʃ] 명 (스포츠 팀의) 코치 real [rí:əl] 형 진짜의, 실제의 season [sí:zn] 명 계절; *(스포츠 등의) 시즌 pitcher [pítʃər] 명 투수 preseason [pri:sí:zən] 명 (스포츠 등의) 시즌 전 cheer [tʃiər] 동 응원하다

02

Here are some questions about ____________________ of cell phones.

Q: Who made the first cell phone call?

A: It was Martin Cooper in 1973. He was a cell phone engineer. His company first developed a cell phone. Cooper made the first call to his rival company. *But they were not happy because Cooper's company developed the technology **faster than** they did. So they said nothing.

Q: When were we first able to buy cell phones in stores?

A: It was in 1983. ***The oldest** model weighed **as much as** a bag of sugar. It also cost thousands of dollars.

Q: When were we first able to send pictures through cell phones?

A: In 1997, Philippe Kahn created the technology. He shared a picture of his little daughter Sophie.

1 위 글의 빈칸에 들어갈 말로 가장 알맞은 것은?

① some benefits
② the earliest kinds
③ the interesting history
④ the old and new styles
⑤ some of the world's great engineers

2 위 글의 내용과 일치하지 않는 것은?

① Martin Cooper는 휴대전화 기술자였다.
② 최초의 휴대전화 통화는 상대방의 수신 거부로 실패했다.
③ 1983년부터 휴대전화가 대중에게 판매되기 시작했다.
④ 1997년에 휴대전화로 사진을 찍는 기술이 발명되었다.
⑤ 최초로 휴대전화를 통해 전송된 사진은 소녀의 사진이었다.

3 위 글에서 별표(*)가 표시된 문장을 모두 해석하시오.

engineer [èndʒiníər] 명 기술자 develop [divéləp] 동 개발하다 rival [ráivəl] 명 경쟁자 technology [teknɑ́:lədʒi] 명 기술 weigh [wei] 동 무게가 …이다 cost [kɔ:st] 동 (값·비용이) …이다 [들다] through [θru:] 전 …을 통해서 create [kriéit] 동 창조하다 share [ʃɛər] 동 공유하다 [문제] benefit [bénəfit] 명 혜택, 이득 early [ɔ́:rli] 형 초기의, 이른

UNIT 3 | 전치사

A 시간의 전치사

1 I have dinner **at** seven o'clock.
2 Maria goes to church **on** Sundays.
3 My brother was born **in** 2010.
4 **During** vacation, I play tennis **before** lunch.

1 나는 7시에 저녁을 먹는다.
2 Maria는 일요일마다 교회에 간다.
3 내 남동생은 2010년에 태어났다.
4 방학 동안 나는 점심 전에 테니스를 친다.

1 **at+시각, 시점 등** (at 9:30 p.m., at night)
2 **on+날짜, 요일, 특정한 날 등** (on September 12, on Monday, on Christmas)
3 **in+오전/오후, 월, 계절, 연도 등** (in the morning, in August, in summer, in 2015)
4 **기타 시간의 전치사** (before '… 전에', after '… 후에', for '(기간의 길이) 동안', during '(특정 기간) 동안')

독해 비법
by *vs.* until
by와 until은 모두 '…까지'라고 해석하지만 의미 차이가 있다. by는 어느 시점보다 늦지 않게 어떤 일이 완료됨을, until은 특정 시점까지 어떤 상황이나 상태가 계속됨을 의미한다.
The plane will arrive **by** six o'clock. 그 비행기가 6시**까지** 도착할 것이다.
She waited for me **until** twelve o'clock. 그녀가 나를 12시**까지** 기다렸다.

Check-up **우리말과 일치하도록 알맞은 시간의 전치사와 ( ) 안의 말을 이용하여 문장을 완성하시오.**

1 나는 겨울에 스키를 타러 간다. (winter) → I go skiing ______________.
2 나는 2시간 동안 테니스를 쳤다. (two hours) → I played tennis ______________.
3 그들은 7월 7일에 동네를 떠날 것이다. (July 7) → They will leave town ______________.
4 너는 자정 전에 집에 돌아와야 한다. (midnight) → You should come back home ______________.

B 장소의 전치사

1 I will meet you **at** the airport.
2 My cat sleeps **in** a box.
3 Fred left his key **on** the table.
4 I'm standing **by** Jake and **behind** John.

1 내가 공항에서 너를 만나겠다.
2 나의 고양이는 상자 안에서 잠을 잔다.
3 Fred는 그의 열쇠를 탁자 위에 두고 왔다.
4 나는 Jake 옆과 John의 뒤에 서 있다.

1 **at+좁은 장소** (at home, at school, at the train station)
2 **in+넓은 장소 또는 공간의 내부** (in New York, in Korea, in a house)
3 **on+접촉해 있는 장소** (on the sofa, on the floor, on the wall)
4 **기타 장소의 전치사** (near '… 근처에', by '… 옆에', before '… 앞에', under '… 아래에', behind '… 뒤에')

Check-up 우리말과 일치하도록 알맞은 장소의 전치사와 ( ) 안의 말을 이용하여 문장을 완성하시오.

1 이 학교 근처에 은행이 있다. (this school) → There is a bank ________________.
2 내가 그 액자를 벽에 걸어도 될까? (the wall) → Can I hang the frame ________________?
3 그는 그 책상 아래에 그의 가방을 두었다. (the desk) → He put his bag ________________.

C 전치사구

1 The lamp is **next to** the sofa.
The café is **in front of** the library.

1 그 램프는 소파 옆에 있다.
그 카페는 도서관 앞에 있다.

1 다양한 전치사구

next to '… 옆에'　in front of '… 앞에'　across from '… 건너편에'
from A to B 'A에서 B까지'　between A and B 'A와 B사이에'

Check-up 우리말과 일치하도록 ( ) 안의 말을 바르게 배열하여 문장을 완성하시오.

1 그 쇼핑몰은 서울역 건너편에 있다. (Seoul Station, across, from)
The mall ________________________.
2 남녀 사이에는 많은 차이점들이 존재한다. (men, and, between, women)
There are a lot of differences ________________________.

D 전치사가 쓰인 주요 표현

1 I **agreed with** Ron's opinion.
2 She **was absent from** school yesterday.

1 나는 Ron의 의견에 동의했다.
2 그녀는 어제 학교에 결석했다.

1 동사+전치사

agree with '…와[에] 동의하다'　look after '…을 돌보다'　belong to '…에 속하다'

2 be동사+형용사+전치사

be busy with '…로 바쁘다'　be famous for '…로 유명하다'　be proud of '…을 자랑스러워 하다'
be absent from '…에 결석하다'　be fond of '…을 좋아하다'　be ready for '…에 준비가 되다'
be different from '…와 다르다'　be full of '…로 가득하다'　be sure of '…을 확신하다'

Check-up 우리말과 일치하도록 빈칸에 알맞은 전치사를 쓰시오.

1 나는 이 동아리에 속해 있지 않다. → I don't belong ________ this club.
2 프랑스는 그 와인으로 유명하다. → France is famous ________ its wine.
3 Charles는 그의 아들을 자랑스러워 한다. → Charles is proud ________ his son.

Sentence Writing with Grammar

우리말과 일치하도록 알맞은 전치사와 (   ) 안의 말을 이용하여 문장을 완성하시오.

1 그 도서관은 월요일마다 문을 닫는다. (the library, close, Mondays)

____

▶ 날짜, 요일, 특정한 날 앞에는 전치사 on을 사용한다.

2 축구 경기 동안에 비가 많이 왔다. (it, rain, a lot, the soccer game)

____

▶ 전치사 for와 during은 둘 다 '…동안에'라고 해석되지만, for 다음에는 기간의 길이를 나타내는 말, during 다음에는 특정 기간을 나타내는 말을 쓴다.

3 우리는 그 파티에서 즐거운 시간을 보냈다. (have, a good time, the party)

____

▶ 좁은 장소 앞에는 전치사 at을 사용한다.

4 나는 그 택시 안에 내 열쇠를 두고 왔다. (leave, key, the taxi)

____

▶ 넓은 장소 또는 공간의 내부 앞에는 전치사 in을 사용한다.

5 그 빵집은 서점 옆에 있다. (the bakery, be, next, the bookstore)

____

▶ next to는 '… 옆에'라는 의미이다.

6 그는 매일 오후 10시에서 오전 6시까지 잠을 잔다. (sleep, 10 p.m., 6 a.m.)

______________________________ every day.

▶ from A to B는 'A에서 B까지'라는 의미이다.

7 나의 부모님은 나의 의견에 동의하지 않으셨다. (parents, agree, opinion)

____

▶ 「동사+전치사」로 이루어진 동사구 agree with는 '…와[에] 동의하다'라는 의미이다.

8 그의 성격은 나의 성격과 다르다. (personality, be, different)

____

▶ 「be동사+형용사+전치사」로 이루어진 동사구 be different from은 '…와 다르다'라는 의미이다.

Basic Reading

A

George was going to meet his girlfriend Julia **at** a restaurant ___(A)___ eight. He came **on** time, but Julia was one hour late. George was angry and decided he wouldn't sit next ___(B)___ her. However, when Julia came, she felt very sorry and apologized. George felt better. They enjoyed their dinner together happily.

A
- 장소의 전치사
- 시간의 전치사
- 전치사구

on time 정각에
decide[disáid] ⑧ 결정하다
apologize[əpάlədʒàiz] ⑧ 사과하다

1 위 글의 빈칸 (A)와 (B)에 들어갈 전치사를 〈보기〉에서 골라 쓰시오.

〈보기〉 in	at	on	to

(A) ________ (B) ________

B

Gorillas live **with** their families, and (each other, after, they, look). Old gorillas have gray hair **on** their backs. They make all **of** the decisions **for** their families. Gorillas have emotions, too. They cry. They smile. Sometimes, they fold their hands **behind** their heads and relax **in** the sun.

B
- 장소의 전치사
- 전치사가 쓰인 주요 표현

gray[grei] ⑱ 회색의
back[bæk] ⑲ 등
decision[disíʒən] ⑲ 결정
emotion[imóuʃən] ⑲ 감정
fold one's hands 손을 깍지끼다
relax[rilǽks] ⑧ 휴식을 취하다

1 위 글의 주제로 가장 알맞은 것은?

① 고릴라의 뛰어난 지능
② 고릴라와 인간의 유사점
③ 멸종 위기에 처한 고릴라
④ 고릴라의 독특한 감정표현
⑤ 고릴라를 보호하기 위한 노력

서술형

2 위 글의 ( ) 안에 주어진 단어를 바르게 배열하여 문장을 완성하시오.

____

Actual Reading

01

Are you a fan **of** K-pop? If you are, here is a concert **for** you! *Some **of** Korea's top pop groups will hold a free concert **for** tourists **in** Korea. The concert will be ① in December 23 **at** World Cup Stadium **from** 5 p.m. ② to 9 p.m. **For** tickets, please send an email application **to** koreanidols@kmail.com ③ by November 30. The application should include your name, age, gender, and nationality. Only the first 1,000 applicants will receive tickets, so hurry! Also, ④ during the concert, you can have food and drinks ⑤ at your seat. *But don't forget to clean up **after** the show! If you have any questions, please feel free to send us an email.

1 위 글에서 콘서트에 관해 언급되지 않은 것은?

① 날짜 ② 개최 장소 ③ 입장권 응모 방법
④ 입장권 신청 마감일 ⑤ 입장권 수령 방법

2 위 글의 밑줄 친 ①~⑤ 중 어법상 틀린 것은?

① ② ③ ④ ⑤

3 위 글에서 별표(*)가 표시된 문장을 모두 해석하시오.

concert [kánsəːrt] 명 연주회, 콘서트 pop [pap] 명 대중 음악 hold [hould] 동 개최하다, 열다 stadium [stéidiəm] 명 경기장 application [æplikéiʃən] 명 지원서 include [inklúːd] 동 포함하다 gender [dʒéndər] 명 성별 nationality [næʃənǽləti] 명 국적 applicant [ǽpləkənt] 명 지원자 receive [risíːv] 동 받다 feel free to 마음껏[거리낌 없이] …하다

02

My best friend Joan's birthday was last Friday. I wanted to hold a surprise party **for** her. Everyone **agreed** ___(A)___ the idea. *All week, we **were** very **busy with** the preparations. Jake bought nice flowers. Sarah baked delicious cookies. *I tried to buy Joan a T-shirt, but I **was** not **sure of** her size. So I bought socks. Finally, we decorated the classroom **with** balloons. Everything **was ready** ___(B)___ the party. **On** her birthday, I told Joan to close her eyes. Then we walked **into** the classroom. I said, "Open your eyes!" But she wasn't surprised at all! Who <u>let the cat out of the bag</u>? It was Jake! He said he didn't know it was a "surprise" party.

1 위 글의 밑줄 친 <u>let the cat out of the bag</u>이 의미하는 바로 가장 알맞은 것은?

① 놀라게 하다
② 모른 척 하다
③ 변덕을 부리다
④ 큰 소리를 내다
⑤ 비밀을 누설하다

2 위 글의 빈칸 (A)와 (B)에 들어갈 전치사가 바르게 짝지어진 것은?

	(A)	(B)
①	to	of
②	to	for
③	on	for
④	with	to
⑤	with	for

3 위 글에서 별표(*)가 표시된 문장을 모두 해석하시오.

surprise [sərpráiz] 명 놀람, 깜짝 (형 surprised 놀란) preparation [prèpəréiʃən] 명 준비 size [saiz] 명 (옷·신발 등의) 치수
sock [sak] 명 양말 decorate [dékərèit] 동 꾸미다, 장식하다 balloon [bəlú:n] 명 풍선

Word Review

다음 영어 단어의 우리말 뜻을 적으시오.

1	luckily	21	happen
2	careful	22	digest
3	cheat	23	soybean
4	intelligent	24	produce
5	fingerprint	25	remove
6	totally	26	regular
7	go away	27	source
8	frequently	28	comfortable
9	reach	29	jewel
10	bottom	30	subject
11	beauty	31	forever
12	nickname	32	frustrated
13	give up	33	cheer
14	neat	34	personality
15	figure out	35	apologize
16	blanket	36	decision
17	underneath	37	emotion
18	appearance	38	include
19	soul	39	preparation
20	improve	40	decorate

Chapter 4

to부정사와 동명사

UNIT 1 | to부정사

A 명사적 용법 to부정사가 명사처럼 문장에서 주어, 목적어, 보어 역할을 함

1 **To make** new friends is fun.
= **It** is fun **to make** new friends.
2 He wants **to be** a famous writer.
3 My plan is **to finish** the report today.
4 I don't know **what to do**.

1 새로운 친구를 사귀는 것은 재미있다.
2 그는 유명한 작가가 되기를 원한다.
3 나의 계획은 오늘 보고서를 마치는 것이다.
4 나는 무엇을 해야 할지 모르겠다.

1 **주어 역할:** '…하는 것은(이)'
• 가주어 it을 주어 자리에 놓고, 주어인 to부정사를 뒤에 배치할 수 있음

> **독해 비법** 가주어 **it**의 해석
> 주어 자리의 가주어 it은 따로 해석하지 않고, 'it=to부정사구'로 생각하며 문장을 해석한다.
> **It** isn't easy **to learn French.** **프랑스어를 배우는 것은** 쉽지 않다. (it=to learn French)

2 **목적어 역할:** '…하는 것을', '…하기를'
※to부정사를 목적어로 취하는 동사: want, decide, wish, hope, need, plan, promise, expect 등

3 **보어 역할:** '…하는 것(이다)'

4 **의문사+to부정사**

what to-v '무엇을 …할지' who(m) to-v '누구를 …할지' when to-v '언제 …할지'
where to-v '어디서(로) …할지' how to-v '어떻게 …할지'

> **독해 비법** 어디까지가 주어일까?
> to부정사로 시작되면 일단 전체 문장의 동사 앞에서 끊어주고, 그 앞부분을 to부정사구로 보아 '…하는 것은(이)'로 해석한다.
> **To exercise regularly** (주어) / is (동사) good for your health. **규칙적으로 운동하는 것은** 너의 건강에 좋다.
> **To learn a foreign language** (주어) / takes (동사) a lot of effort. **외국어를 배우는 것은** 많은 노력이 든다.

Check-up 다음 문장을 우리말로 해석하시오.

1 It is easy to make toast. → ______
2 We wish to buy a new car. → ______
3 She knew whom to believe. → ______
4 Tom's hope is to see his family again. → ______
5 They decided where to go on their picnic. → ______

B 형용사적 용법 to부정사가 형용사처럼 (대)명사를 뒤에서 꾸며줌

1 I don't have any work **to do**.
2 We want **something fun to do**.

1 나는 할 일이 아무것도 없다.
2 우리는 할 재미있는 무언가를 원한다.

1 명사와 대명사를 수식: '…하는', '…할'
There are many movies **to watch**. 볼 많은 영화가 있다.

2 to부정사 수식의 순서: 「-thing, -one, -body로 끝나는 대명사+형용사+to부정사」

Check-up **우리말과 일치하도록 (   ) 안의 말을 바르게 배열하여 문장을 완성하시오.**

1 우리를 도와줄 많은 사람들이 있다.
There are many ____________________ us. (people, help, to)

2 내가 말해야 할 새로운 것은 아무것도 없다.
I don't have ____________________. (to, anything, say, new)

C 부사적 용법 to부정사가 부사처럼 동사, 형용사, 부사 등을 수식

1 He turned on the TV **to watch** the news.
2 They were happy **to win** the game.
3 My grandmother lived **to be** over 100.

1 그는 뉴스를 보기 위해 텔레비전을 켰다.
2 그들은 게임에서 이겨서 행복했다.
3 나의 할머니께서는 100세가 넘게 사셨다.

1 목적의 의미를 갖는 to부정사: '…하기 위해서', '…하려고' (= in order to-v)
He turned on the TV **in order to watch** the news.

2 감정의 원인을 나타내는 to부정사: '…해서'

3 결과를 나타내는 to부정사: '…해서 ~하다'

Check-up **다음 밑줄 친 부분을 어법에 맞게 고친 올바른 문장을 쓴 뒤, 각 문장을 해석하시오.**

1 They grew up <u>be</u> great artists.
→ 올바른 문장: ____
→ 우리말 해석: ____

2 We are sorry <u>hearing</u> the news.
→ 올바른 문장: ____
→ 우리말 해석: ____

3 I went to the market <u>to buying</u> some eggs.
→ 올바른 문장: ____
→ 우리말 해석: ____

Sentence Writing with Grammar

우리말과 일치하도록 (   ) 안의 말을 이용하여 문장을 완성하시오.

1 약속을 지키는 것은 중요하다. (important, keep a promise)

It ____.

▶ to부정사가 문장에서 명사처럼 쓰여, '…하는 것은(이)'이라는 의미의 주어 역할을 할 수 있다. 가주어 it을 주어 자리에 놓고 to부정사를 뒤에 배치할 수 있다.

2 Chris는 살 빼는 것을 필요로 한다. (need, lose weight)

____

▶ to부정사가 문장에서 명사처럼 쓰여, '…하는 것을', '…하기를'이라는 의미의 목적어 역할을 할 수 있다. 동사 need는 목적어로 to부정사를 취한다.

3 내 바람은 그랜드캐니언을 보는 것이다. (hope, see)

____ the Grand Canyon.

▶ to부정사가 문장에서 명사처럼 쓰여, '…하는 것(이다)'이라는 의미의 보어 역할을 할 수 있다.

4 그들은 언제 제주도로 여행갈지를 논의하고 있는 중이다. (discuss, when, travel)

____ to Jeju Island.

▶ 「의문사+to부정사」가 문장에서 명사처럼 쓰일 수 있다. '언제 …할지'의 의미는 when to-v로 쓴다.

5 Paris는 방문하기에 좋은 장소이다. (a good place, visit)

____

▶ to부정사가 형용사처럼 쓰여 명사나 대명사를 뒤에서 수식할 수 있다.

6 나는 컴퓨터를 사기 위해 돈을 모으는 중이다. (save, money, buy)

I am ____ a computer.

▶ to부정사가 문장에서 부사처럼 쓰여, '…하기 위해서', '…하려고'라는 목적의 의미를 나타낼 수 있다. 목적의 의미를 더욱 분명하게 드러내기 위해 in order to-v를 쓰기도 한다.

7 우리는 그 사고를 보고 충격을 받았다. (shocked, see, the accident)

____

▶ to부정사가 문장에서 부사처럼 쓰여, '…해서'라는 감정의 원인을 나타낼 수 있다.

8 그녀는 자라서 유명한 피아니스트가 되었다. (grow up, a famous pianist)

____

▶ to부정사가 문장에서 부사처럼 쓰여, '…해서 ~하다' 라는 결과의 의미를 나타낼 수 있다.

A

A boy asked his grandma, "Do you have a boyfriend?" She answered, "The TV is my boyfriend. (A) 텔레비전을 보는 것은 재미있단다." Suddenly the TV stopped working. (B) She started to hit it to fix the problem. Then the phone rang. The boy answered and said, "My grandma is busy now. She's fighting with her boyfriend."

Basic Reading

A
- 명사적 용법의 to부정사
- 부사적 용법의 to부정사

suddenly [sʌ́dnli] 부 갑자기
work [wəːrk] 동 일하다; *(기계 등이) 작동되다
hit [hit] 동 때리다, 치다
fix [fiks] 동 수리하다, 바로잡다

서술형

1 위 글의 밑줄 친 (A)의 우리말에 맞게 (   ) 안에 주어진 단어를 이용하여 문장을 완성하시오.

It ______________________________. (fun, watch, TV)

서술형

2 위 글의 밑줄 친 (B)를 우리말로 옮기시오.

____

B

One day in Seoul, a man asked me ________ get to Gyeongbok Palace. His name was Peter, and he was from England. I walked with him **to show** him the way. We had a nice talk and decided **to become** pen pals. Sometimes he sends me postcards. I hope **to see** him again soon.

B
- 명사적 용법의 to부정사
- 부사적 용법의 to부정사

get to …에 이르다[도달하다]
palace [pæləs] 명 궁전
talk [tɔːk] 동 말하다 명*이야기, 대화
pen pal 펜팔, 편지 친구
postcard [póustkaːrd] 명 엽서

1 위 글의 빈칸에 들어갈 말로 가장 알맞은 것은?

① what to ② whom to ③ when to
④ where to ⑤ how to

Actual Reading

01

There is a very unusual society in China. Its families don't have any fathers! *If you want **to see** the society, you should visit the Na people. *In their society, women have the power to control everything in the family. Women and men do not get married, so women have babies with their lovers. Once she is pregnant, the woman makes the man leave. *The woman's job is **to take** care of her children. Children take the mother's last name. Some people think **it** might be hard **to live without a father**. However, they seem happy with their loving families.

1 Na people에 관한 설명 중 위 글의 내용과 일치하지 않는 것은?

① 중국에 사는 민족이다.
② 가족 내에서 여성의 지위가 높다.
③ 남자와 여자는 결혼을 하지 않는다.
④ 남자들이 육아를 담당한다.
⑤ 아이들은 어머니의 성을 따른다.

2 위 글의 밑줄 친 to control과 같은 용법으로 쓰인 것은? (두 개)

① I decided to study abroad.
② They came here to see me.
③ I have something to tell you.
④ Amy brought a book to read.
⑤ My dream is to be a magician.

3 위 글에서 별표(*)가 표시된 문장을 모두 해석하시오.

society [səsáiəti] 명 사회　people [píːpl] 명 사람들; 민족　control [kəntróul] 동 지배하다, 통제하다　get married 결혼하다　lover [lʌ́vər] 명 애인, 연인　once [wʌns] 접 일단 …하면　pregnant [prégnənt] 형 임신한　job [dʒab] 명 일, 직장; *책임, 책무　last name 성(姓)　loving [lʌviŋ] 형 사랑하는, 애정 어린　[문제] magician [mədʒíʃən] 명 마술사

02

Recently, an oil spill threatened little blue penguins in the south of Australia. The little blue penguin is only 41 centimeters tall and is the smallest type of penguin. *Like other penguins, it has oily feathers **to keep** itself warm. However, the crude oil from the spill destroyed the natural oils on these penguins' feathers, and the penguins became very cold. *Rescuers needed **to find** a way **to protect** the penguins from the cold. <u>그래서 그들은 작은 스웨터 안에 그 펭귄들을 넣기로 결정했다.</u> These sweaters protected the penguins from the cold. Soon their feathers contained natural oils again. So the penguins were able to keep themselves warm. Rescuers then removed the sweaters and safely returned the penguins to the ocean.

*crude oil 원유

1 위 글의 제목으로 가장 알맞은 것은?

① How to Clean Up the Ocean after an Oil Spill
② The Smallest Penguins in the World
③ Protecting Animals in Danger
④ A Brilliant Way to Protect Little Blue Penguins
⑤ The Penguin's Ability to Fight Cold Weather

서술형

2 위 글의 밑줄 친 우리말에 맞게 ( ) 안에 주어진 단어를 이용하여 문장을 완성하시오.

So they ______________ the penguins in tiny sweaters. (decide, put)

3 위 글에서 별표(*)가 표시된 문장을 모두 해석하시오.

spill [spil] 명 유출 threaten [θrétn] 동 위협하다 south [sauθ] 명 남부[남쪽] oily [ɔ́ili] 형 기름기가 덮인 feather [féðər] 명 깃털 destroy [distrɔ́i] 동 파괴하다 natural [nǽtʃərəl] 형 자연[천연]의 cold [kould] 형 추운 명 추위 rescuer [réskjuːər] 명 구조자, 구출자 protect [prətékt] 동 보호하다 contain [kəntéin] 동 …이 들어있다[함유되어 있다] remove [rimúːv] 동 제거하다; *(옷을) 벗다 safely [séifli] 부 안전하게 [문제] brilliant [bríljənt] 형 훌륭한

UNIT 2 | 동명사

A 동명사의 역할 동명사는 「동사원형+-ing」로 동사의 의미를 가지면서 명사처럼 주어, 목적어, 보어의 역할을 함

1 **Baking** cookies is fun.
2 1) We enjoy **reading** comic books.
2) Joe is good at **playing** tennis.
3 My hobby is **listening** to music.

1 쿠키를 굽는 것은 즐겁다.
2 1) 우리는 만화책 읽는 것을 즐긴다.
2) Joe는 테니스 치는 것을 잘한다.
3 내 취미는 음악을 듣는 것이다.

1 **주어 역할:** '…하는 것은(이)'
2 **목적어 역할:** '…하는 것(을)'
1) 동사의 목적어 2) 전치사의 목적어
3 **보어 역할:** '…하는 것(이다)'

Check-up 다음 문장을 우리말로 해석하시오.

1 Jim likes drinking tea. → ______________________
2 Exercising makes you strong. → ______________________
3 Ann's job is selling chocolate. → ______________________
4 I am afraid of making mistakes. → ______________________

B 자주 쓰이는 동명사 표현

1 We will **go swimming** this Sunday.
Emma **is busy doing** her homework.
This book **is worth reading**.
I **feel like eating** ice cream.
I **cannot help loving** my cat.
He **spent his whole life helping** others.

1 우리는 이번 주 일요일에 수영하러 갈 것이다.
Emma는 숙제를 하느라 바쁘다.
이 책은 읽을 만한 가치가 있다.
나는 아이스크림이 먹고 싶다.
나는 내 고양이를 사랑하지 않을 수 없다.
그는 남을 돕는 데 그의 일생을 바쳤다.

1 **동명사 표현과 의미**
go v-ing '…하러 가다'
be busy v-ing '…하느라 바쁘다'
be worth v-ing '…할 만한 가치가 있다'
feel like v-ing '…하고 싶다'
cannot help v-ing '…하지 않을 수 없다'
spend+시간[돈]+v-ing '…하는 데 시간[돈]을 쓰다'

Check-up 우리말과 일치하도록 (   ) 안의 말을 이용하여 문장을 완성하시오.

1 나는 샤워를 하고 싶다. (feel, like, take)

_______ _______ _______ _______ a shower.

2 그들은 시험을 준비하느라 바빴다. (busy, prepare)

_______ _______ _______ _______ for the exam.

3 그 박물관은 방문할 만한 가치가 있다. (the museum, worth, visit)

_______ _______ _______ _______ _______.

C 동명사와 to부정사

1 1) Do you *mind* **opening** the window?
Mom *finished* **washing** the clothes.

2) He is *planning* **to open** a restaurant.
I *need* **to book** a ticket to New York.

3) Josh *began* **to tell [telling]** a story.
She doesn't *like* **to eat [eating]** vegetables.

1 1) 창문을 열어도 될까요?
엄마는 빨래하는 것을 끝내셨다.
2) 그는 식당을 열 것을 계획하고 있다.
나는 뉴욕으로 가는 표를 예매할 필요가 있다.
3) Josh는 이야기를 하기 시작했다.
그녀는 채소를 먹는 것을 좋아하지 않는다.

1 동명사와 to부정사를 목적어로 취하는 동사

• 동명사와 to부정사 둘 다 동사의 목적어 역할을 하나, 동사에 따라 목적어로 쓸 수 있는 것이 다름

1) 동명사만을 목적어로 취하는 동사: give up, avoid, mind, enjoy, finish, quit, deny, admit 등

2) to부정사만을 목적어로 취하는 동사: want, decide, wish, hope, need, plan, promise, expect 등

3) 동명사와 to부정사 둘 다 목적어로 취하는 동사: begin, start, like, love, hate 등 (의미 차이가 크게 없음)

Check-up 우리말과 일치하도록 〈보기〉의 동사를 이용하여 문장을 완성하시오.

〈보기〉 eat	make	study	learn	smoke	take

1 Ben은 한국어를 공부하기로 결심했다.

Ben decided __________ Korean.

2 나의 아빠는 작년에 담배 피우는 것을 그만두셨다.

My dad gave up __________ last year.

3 너는 정크푸드 먹는 것을 피해야 한다.

You should avoid __________ junk food.

4 그들은 지난달에 중국어 배우는 것을 시작했다.

They started __________ Chinese last month.

Sentence Writing with Grammar

우리말과 일치하도록 (   ) 안의 말을 이용하여 문장을 완성하시오.

1 정장을 입는 것은 불편하다. (wear, a suit, be, uncomfortable)

____

▶ 동명사는 '…하는 것은(이)'라는 의미의 주어 역할을 할 수 있다.

2 Sam은 가족을 위해 저녁 식사를 만드는 것을 즐긴다. (enjoy, make dinner)

____ for his family.

▶ 동명사는 '…하는 것(을)'이라는 의미의 목적어 역할을 할 수 있다. 동사 enjoy는 동명사만을 목적어로 취한다.

3 그녀의 직업은 옷을 디자인하는 것이다 (job, be, design, clothes)

____

▶ 동명사는 '…하는 것(이다)'라는 의미의 보어 역할을 할 수 있다.

4 나의 가족은 지난 토요일에 낚시를 하러 갔다. (family, fish)

____ last Saturday.

▶ go v-ing는 '…하러 가다'라는 의미이다.

5 그 슬픈 영화 때문에 나는 울지 않을 수 없었다. (cannot, help, cry)

____ because of the sad movie.

▶ cannot help v-ing는 '…하지 않을 수 없다'라는 의미이다.

6 그들은 내 질문에 답하는 것을 피했다. (avoid, answer, question)

____

▶ give up, avoid, mind, enjoy, finish, quit, deny, admit 등의 동사는 목적어로 동명사만을 취한다.

7 우리는 언젠가 이집트를 방문하는 것을 바란다. (hope, visit, Egypt)

____ someday.

▶ want, decide, wish, hope, need, plan, promise, expect 등의 동사는 목적어로 to부정사만을 취한다.

8 고양이들은 물속에 있는 것을 싫어한다. (cat, hate, be)

____ in water.

▶ begin, start, like, love, hate 등의 동사는 목적어로 동명사와 to부정사 둘 다 취할 수 있으며, 의미 차이가 크게 없다.

Basic Reading

A

Which team should start with the ball in a soccer match? (A) [Toss / Tossing] a coin is a common way to decide. This simple way of (B) [to decide / deciding] things started in ancient Rome. First, they tossed a coin. If it showed the emperor's face, it meant the emperor agreed with you, and you won!

1 위 글의 (A)와 (B)의 각 네모 안에서 어법에 맞는 표현을 골라 쓰시오.

(A) ________________ (B) ________________

A
- 주어 역할을 하는 동명사
- 전치사의 목적어 역할을 하는 동명사

match [mætʃ] 명 경기, 시합
toss [tɔːs] 동 던지다
common [kɑ́mən] 형 흔한
ancient [éinʃənt] 형 고대의
emperor [émpərər] 명 황제
mean [miːn] 동 …라는 뜻이다 (mean-meant)
win [win] 동 이기다 (win-won)

B

Park rangers work in national parks. Many people visit the parks, so sometimes <u>공원 경비원들은 그들을 돕느라 바쁘다</u>. Park rangers' jobs include **teaching** people about nature, **leading** hikes, and **keeping** people safe from wildlife. So they have to ____________________. In addition, nature is their office, so they need to love **working** outside.

*park ranger 공원 경비원

서술형

1 위 글의 밑줄 친 우리말에 맞게 ( ) 안에 주어진 단어를 이용하여 빈칸을 채우시오.

park rangers ________ ________ ________ them (busy, help)

2 위 글의 빈칸에 들어갈 말로 가장 알맞은 것은?

① wear a uniform
② be good drivers
③ have many tools
④ love to look after animals
⑤ enjoy working with people

B
- 자주 쓰이는 동명사 표현
- 동사의 목적어 역할을 하는 동명사

national park 국립 공원
nature [néitʃər] 명 자연
lead [liːd] 동 안내하다; *인솔하다
hike [haik] 명 하이킹, 도보 여행
wildlife [wáildlàif] 명 야생동물
in addition 게다가
office [ɔ́ːfis] 명 사무실
[문제]
uniform [júːnifɔ̀ːrm] 명 제복, 유니폼
tool [tuːl] 명 연장, 도구

01

______________________________ *For example, Ronald Reagan, president of the United States in the 1980s, believed in **getting** a good night's sleep. *In addition, he enjoyed **taking** naps in the daytime. In his diary, he even wrote "Afternoon is still nap time ...." On the contrary, Adolf Hitler didn't spend that much time (A) [to sleep / sleeping]. He worked for about 20 hours a day. He went to bed in the early morning and got up at 11 a.m. He even took drugs (B) [to stay / staying] awake.

1 위 글의 빈칸에 들어갈 말로 가장 알맞은 것은?

① Sleeping problems can affect one's life.
② Getting enough sleep leads to success.
③ Your sleeping position shows your personality.
④ People have different thoughts about sleeping.
⑤ Sleeping too much is not good for your health.

2 위 글의 (A)와 (B)의 각 네모 안에서 어법에 맞는 표현을 골라 쓰시오.

(A) ______________ (B) ______________

3 위 글에서 별표(*)가 표시된 문장을 모두 해석하시오.

president[prézidənt] 명 대통령 the United States 미국 believe in …을 좋다고 믿다 nap[næp] 명 낮잠 daytime[déitàim] 명 낮, 주간 on the contrary 그와는 반대로 drug[drʌg] 명 의약품, 약 awake[əwéik] 형 깨어 있는 [문제] affect[əfékt] 동 영향을 미치다 lead to …로 이끌다, …로 이어지다 position[pəzíʃən] 명 자세 thought[θɔːt] 명 생각

02

Are you tired of (A) <u>sit</u> in heavy traffic? Do you feel like (B) <u>find</u> a new hobby? *Then try **riding** a bike!

***Riding** a bike is great exercise. And it is good for your neighborhood, too. As you ride your bike, you can smile and say hello to your neighbors. It can be a good chance to be friendly to the people in your town.

① ***Using** a bike is good for the environment, too. ② Unlike cars, bicycles don't need gas. ③ Also, **making** one car requires a lot of energy. ④ You can use your bike to make energy. ⑤ With the same amount of energy, we can make a hundred bikes!

*As you can see, **riding** a bike has many benefits. So, why don't you start (C) <u>ride</u> one today?

1 위 글의 ①~⑤ 문장 중 글의 흐름과 관계가 <u>없는</u> 것은?

① ② ③ ④ ⑤

2 위 글의 밑줄 친 (A), (B), (C)를 알맞은 형태로 고쳐 쓰시오.

(A) ______________ (B) ______________ (C) ______________

3 위 글에서 별표(*)가 표시된 문장을 모두 해석하시오.

traffic [trǽfik] 명 교통(량) neighborhood [néibərhùd] 명 이웃 say hello to …에게 안부를 전하다, …에게 인사하다 neighbor [néibər] 명 이웃 사람 friendly [fréndli] 형 친절한 environment [inváiərənmənt] 명 환경 unlike [ʌnláik] 전 …와는 달리 require [rikwáiər] 동 필요로 하다 amount [əmáunt] 명 총액; *양

Word Review

다음 영어 단어의 우리말 뜻을 적으시오.

1 French	______	21 deny	______
2 expect	______	22 admit	______
3 regularly	______	23 toss	______
4 keep a promise	______	24 common	______
5 discuss	______	25 ancient	______
6 accident	______	26 emperor	______
7 fix	______	27 mean	______
8 society	______	28 lead	______
9 control	______	29 wildlife	______
10 pregnant	______	30 in addition	______
11 magician	______	31 tool	______
12 spill	______	32 president	______
13 threaten	______	33 on the contrary	______
14 feather	______	34 awake	______
15 destroy	______	35 affect	______
16 natural	______	36 position	______
17 protect	______	37 thought	______
18 contain	______	38 neighborhood	______
19 mind	______	39 require	______
20 avoid	______	40 amount	______

Chapter 5

문장의 형식 및 종류

UNIT 1 | 문장의 형식

A 감각동사가 있는 문장

1 She **looks** *pretty* today.
My voice **sounds** *strange*.
Your perfume **smells** *sweet*.
The tea **tastes** *bitter*.
This coat **feels** *heavy*.

1 그녀는 오늘 예뻐 보인다.
내 목소리가 이상하게 들린다.
네 향수는 달콤한 향이 난다.
그 차는 쓴맛이 난다.
이 코트는 무겁게 느껴진다.

1 「주어 + 감각동사 + 형용사」 (2형식)

• 감각동사: look, sound, smell, taste, feel 등 사람의 감각을 표현하는 동사

「look + 형용사」 '…해 보이다' 「sound + 형용사」 '…하게 들리다' 「smell + 형용사」 '…한 냄새가 나다'
「taste + 형용사」 '…한 맛이 나다' 「feel + 형용사」 '…하게 느끼다[느껴지다]'

Check-up 다음 ( ) 안에서 알맞은 말을 고르고, 각 문장을 해석하시오.

1 Lemons taste (sour, sourly). → ____________________
2 The flowers smell (well, good). → ____________________
3 This sweater feels (soft, softly). → ____________________
4 His idea sounds (interestingly, interesting). → ____________________
5 Those spiders look (dangerous, dangerously). → ____________________

B 목적어가 두 개 있는 문장

1 1) Andy **sent** me an email.
2) Kate **made** him a sandwich.
3) I **asked** Dr. White a favor.

1 1) Andy가 나에게 이메일을 보냈다.
2) Kate는 그에게 샌드위치를 만들어주었다.
3) 나는 Dr. White에게 부탁을 했다.

1 「주어 + 수여동사 + 간접목적어 + 직접목적어」 (4형식)

• 수여동사: '…에게(간접목적어)', '…을(직접목적어)'에 해당하는 두 개의 목적어를 취하는 동사

• 「수여동사 + 간접목적어 + 직접목적어」(4형식) → 「수여동사 + 직접목적어 + **to/for/of** + 간접목적어」(3형식)

1) to를 쓰는 동사: give, show, send, teach, tell, bring, write, lend, pass 등

Andy sent me an email.

→ Andy sent an email **to** me.

2) for를 쓰는 동사: buy, make, get 등

Kate made him a sandwich.

→ Kate made a sandwich **for** him.

3) of를 쓰는 동사: ask 등

I asked Dr. White a favor.

→ I asked a favor **of** Dr. White.

Check-up 다음 두 문장의 뜻이 같도록 빈칸에 알맞은 말을 쓰시오.

1 I will buy my sister a doll.
= I will buy a doll _______ _______ _______.

2 Sarah gives her cat some milk.
= Sarah gives some milk _______ _______ _______.

3 John writes us a letter every month.
= John writes a letter _______ _______ every month.

4 He asked the president many questions.
= He asked many questions _______ _______ _______.

C 목적어와 목적격보어가 있는 문장

1 1) We **named** the cat Kitty.
2) The song **made** her sad.
3) I **want** you to call me later.

1 1) 우리는 그 고양이에게 Kitty라는 이름을 지어주었다.
2) 그 노래가 그녀를 슬프게 만들었다.
3) 나는 네가 나중에 나에게 전화하기를 원한다.

1 「주어+동사+목적어+목적격보어」(5형식)

• 목적어만으로 문장의 의미가 불완전하므로 목적어를 보충 설명하는 목적격보어가 필요한 문장

1) 목적격보어로 명사를 취하는 동사: call, make, name 등

2) 목적격보어로 형용사를 취하는 동사: make, keep, find 등

3) 목적격보어로 to부정사를 취하는 동사: want, ask, expect, tell, allow 등

Check-up 우리말과 일치하도록 ( ) 안의 말을 이용하여 문장을 완성하시오.

1 그 간호사는 그에게 기다려 달라고 부탁했다. (ask, wait)
The nurse _______ _______ _______ _______.

2 그 학생들은 그를 책벌레라고 부른다. (call, a bookworm)
The students _______ _______ _______ _______.

3 나는 이 책이 흥미롭다는 것을 알게 되었다. (find, interesting, this book)
I _______ _______ _______ _______.

Sentence Writing with Grammar

우리말과 일치하도록 (　) 안의 말을 이용하여 문장을 완성하시오.

1 그 요리는 맛있어 보인다. (look, the dish, delicious)

____

▶ 감각동사 look, sound, smell, taste, feel 등 다음에는 주격보어로 형용사가 온다.

2 Richard는 나에게 꽃을 보냈다. (send, flowers)

____

▶ 4형식은 「주어+수여동사+간접목적어+직접목적어」의 형태이다. give, show, send, teach, tell, bring, write, lend, pass 등의 동사를 사용한 4형식 문장은 전치사 to를 사용해서 3형식 문장으로 바꾸어 쓸 수 있다.

3 나는 Helen에게 장갑을 만들어 주었다. (make, gloves)

____

▶ buy, make, get 등의 동사를 사용한 4형식 문장은 전치사 for를 사용해서 3형식 문장으로 바꾸어 쓸 수 있다.

4 내가 너에게 부탁을 하나 해도 될까? (can, ask, a favor)

____

▶ ask 등의 동사를 사용한 4형식 문장은 전치사 of를 사용해서 3형식 문장으로 바꾸어 쓸 수 있다.

5 그 종업원은 우리에게 음식을 좀 가져다주었다. (the waiter, bring, some food, to)

____

▶ 4형식 문장을 3형식 문장으로 바꿀 경우 「주어+수여동사+직접목적어+전치사(to/for/of)+간접목적어」의 어순이 된다.

6 그 영화가 그를 유명한 배우로 만들었다. (the movie, make, a famous actor)

____

▶ 5형식 문장에서 call, make, name 등의 동사는 목적격보어로 명사를 취한다.

7 너의 미소가 나를 행복하게 만든다. (your smile, make, happy)

____

▶ 5형식 문장에서 make, keep, find 등의 동사는 목적격보어로 형용사를 취한다.

8 엄마가 나에게 내 방을 치우라고 말씀하셨다. (Mom, tell, clean, room)

____

▶ 5형식 문장에서 want, ask, expect, tell, allow 등의 동사는 목적격보어로 to부정사를 취한다.

A

Sometimes you see some performers in the street. People **call** them "buskers." They **show** us their many talents. They play guitar, sing, dance, or do magic shows. Many buskers want money for their work because it is their job. There are usually boxes next to them. If you like their performances, put some money in the boxes.

1 위 글의 내용과 일치하면 T, 그렇지 않으면 F를 쓰시오.

(1) busker는 길에서 공연하는 사람을 가리킨다. ________
(2) busker 중에는 마술을 하는 사람도 있다. ________
(3) 대부분의 busker들이 무료로 공연을 한다. ________

서술형

2 위 글의 밑줄 친 문장을 3형식 문장으로 바꿔 쓰시오.

____

Basic Reading

A
- 목적어와 목적격보어가 있는 문장
- 목적어가 두 개 있는 문장

performer [pərfɔ́ːrmər] 명 연주자
talent [tǽlənt] 명 재능, 재주
magic [mǽdʒik] 명 마술
performance [pərfɔ́ːrməns] 명 공연

B

One summer day, Bill saw his friend Kate. She was walking her puppy. The puppy **looked** (A) [tired / tiredly] because of the hot weather. So Bill **gave** the puppy some water. It **felt** good and wagged its tail. It was very cute. From that day, Bill **wanted** his dad (B) [buy / to buy] him a puppy. On his birthday, he finally got one.

*wag 개가 꼬리를 흔들다

1 위 글의 빈칸 (A)와 (B)의 각 네모 안에서 어법에 맞는 표현을 골라 쓰시오.

(A) ____________ (B) ____________

B
- 감각동사가 있는 문장
- 목적어가 두 개 있는 문장
- 목적어와 목적격보어가 있는 문장

walk [wɔːk] 동 걷다; *산책시키다
puppy [pʌpi] 명 강아지
tired [taiərd] 형 피곤한
weather [wéðər] 명 날씨
tail [teil] 명 꼬리
finally [fáinəli] 부 마침내

Actual Reading

01

Once there was a king with only one eye. *One day, he **asked** three artists to draw him. The first artist drew the king as he was. When the king saw the picture, 그는 매우 화나게 느꼈다. He thought the artist made a fool of him. *So, the king **told** him to leave. The second artist drew the king with two eyes. ① But the king was still not happy. ② He thought the artist was a liar. ③ He sent the second artist away, too. ④ *The third artist, however, **made** the king very happy. ⑤ It showed the king's one good eye.

1 글의 흐름으로 보아 주어진 문장이 들어갈 위치로 가장 적절한 곳은?

He drew a side view of the king's face.

① ② ③ ④ ⑤

서술형

2 위 글의 밑줄 친 우리말을 영어로 옮기시오.

____

3 위 글에서 별표(*)가 표시된 문장을 모두 해석하시오.

once[wʌns] 부 한 번; *옛날에 artist[á:rtist] 명 화가, 예술가 draw[drɔ:] 동 (색칠은 하지 않고 연필 등으로) 그리다 make a fool of …을 놀리다 liar[láiər] 명 거짓말쟁이 send away (방문자 등을) 쫓아보내다 [문제] side[said] 명 (좌우 어느 한) 쪽[측] view[vju:] 명 견해; 관점; *(특정한 위치에서의) 면

02

Tippi Degre grew up in the wilds of Africa. She was actually born in Namibia and ① spent her first ten years there. Her French parents were wildlife photographers. They took pictures of strange African animals. With her parents, Tippi traveled all over Namibia. She didn't ② feel afraid of the wild animals. She often ③ played with ostriches, leopards, and elephants. Her best friend was "Abu," an elephant. She also made friends with Bushmen. They ④ taught their language for her. Tippi loved living in Africa. However, it all ended when her family moved back to Paris. Tippi had to leave, but she always remembered her time there. Later, she ⑤ wrote a book about her life in Africa, *Tippi, My Book of Africa.*

*Bushmen 부시맨 (아프리카 남부의 수렵 종족)

1 위 글의 내용으로 보아 Tippi Degre의 성격으로 가장 알맞은 것은?

① 차분하다 ② 믿음직하다 ③ 예의바르다
④ 창의적이다 ⑤ 모험심이 강하다

2 Tippi Degre에 관한 설명 중 위 글의 내용과 일치하지 않는 것은?

① 아프리카에서 10년 동안 살았다.
② 부모님은 야생동물 사진작가였다.
③ 야생동물을 두려워하지 않았다.
④ 부시맨과 어울려 지냈다.
⑤ 아프리카 사진책을 출간했다.

3 위 글의 밑줄 친 ①~⑤ 중 어법상 틀린 것은?

① ② ③ ④ ⑤

wild [waild] 명 야생[자연] 상태 형 야생의 photographer [fətágrəfər] 명 사진작가 strange [streindʒ] 형 이상한; *기이한, 신기한 ostrich [ástritʃ] 명 타조 leopard [lépərd] 명 표범 make friends with …와 친해지다, …와 친구가 되다 end [end] 동 끝나다 move [mu:v] 동 움직이다; *(집 등을) 옮기다[이사하다] later [léitər] 부 나중에

UNIT 2 | 문장의 종류 1

• 의문사는 누가, 무엇을, 언제, 어디서, 왜, 어떻게 등을 물을 때 사용하는 말이며, 의문사가 있는 의문문에 대한 대답은 Yes/No가 아닌 물음에 대한 구체적인 답변이 되어야 함
• 일반적인 경우 의문문의 어순: 「의문사+동사[be동사/조동사/do(es)]+주어 …?」
의문사가 주어인 경우 의문문의 어순: 「의문사+동사 …?」(의문사 주어는 3인칭 단수 취급)

A who, what, which

1 **Who** is that boy?
2 **What** makes you angry?
3 **Which** do you like better, milk or juice?

1 저 소년은 누구니?
2 무엇이 너를 화나게 하니?
3 너는 우유와 주스 중에 어떤 것을 더 좋아하니?

1 **who**: '누구'
※ whose '누구의' / who(m) '누구를'
Whose pen is this? 이것은 **누구의** 펜이니?
Who(m) did she like? 그녀는 **누구를** 좋아했니?

2 **what**: '무엇'

3 **which**: '어느 것'
※ what과 which는 의문형용사로 사용되기도 함
What color is his car? 그의 차는 **무슨** 색깔이니?
Which sport can you play the best? 너는 **어떤** 운동을 가장 잘하니?

Check-up 다음 ( ) 안의 말을 바르게 배열하여 문장을 완성하시오.

1 Q: ________________________? (what, this, is)
A: It's a hamster.
2 Q: ________________________ tomorrow? (meet, who, will, Jenny)
A: She will meet Monica.
3 Q: ________________________, pizza or pasta? (prefer, you, which, do)
A: I prefer pizza.

B when, where, why

1 **When** is your birthday?
2 **Where** will they go for vacation?
3 **Why** did Jane come to school so late?

1 네 생일은 언제니?
2 그들은 어디로 휴가를 갈 거니?
3 Jane은 왜 그렇게 학교에 늦었니?

1 **when:** '언제'

2 **where:** '어디서', '어디에'

3 **why:** '왜' (대답은 주로 '왜냐하면'이라는 의미의 because로 시작)

※ 「Why don't you+동사원형 …?」 '(너) …하는 것이 어때?' / 「Why don't we+동사원형 …?」 '우리 …하지 않을래?'

Why don't you take a rest? 너 쉬는 **게 어때**?

Why don't we go swimming? **우리** 수영 하러 가**지 않을래**?

Check-up when, where, why 중 알맞은 말을 이용하여 문장을 완성하시오.

1 Q: _______ _______ you stay? – A: I will stay at a hotel.

2 Q: _______ _______ Sue leave? – A: She left last Friday.

3 Q: _______ _______ he so happy now? – A: Because he just got a present.

C how

1 **How** was the new movie?
How can we stay healthy?

2 **How many** cups are there on the table?
How often do you visit your grandparents?

1 그 새로운 영화는 어땠니?
우리가 어떻게 건강을 유지할 수 있을까?

2 탁자 위에 얼마나 많은 컵이 있니?
너는 얼마나 자주 조부모님을 찾아 뵙니?

1 **how:** '어떤', '어떻게' (상태, 방법, 수단)

2 **how+형용사/부사:** '얼마나 …한[하게]'

How many+복수명사 …? (수)	How much+셀 수 없는 명사 …? (양)	How much …? (가격)
How old …? (나이)	How long …? (길이, 기간)	How far …? (거리)
How often …? (빈도)	How tall …? (키, 높이)	

※ 「How[What] about+명사/v-ing?」 '…은 어때?', '…하는 것은 어때?'

Do you want dessert? **How about** ice cream? 후식을 원하니? 아이스크림**은 어때**?

What about going for a walk? 산책하러 **가는 것은 어때**?

Check-up 우리말과 일치하도록 how 및 ( ) 안의 말을 이용하여 문장을 완성하시오.

1 Q: Kelly는 얼마나 키가 크니? (be) → Q: _______ _______ _______ Kelly?
A: 그녀는 150 cm야. A: She is 150 centimeters tall.

2 Q: 너희는 어떻게 부산에 갔니? (go) → Q: _______ _______ _______ _______ to Busan?
A: 우리는 기차로 거기에 갔어. A: We went there by train.

3 Q: 그들은 얼마나 많은 돈을 저축했니? (save) → Q: _______ _______ money _______ _______ _______?
A: 그들은 150달러를 저축했어. A: They saved $150.

4 Q: 너의 학교까지 얼마나 머니? (be, it) → Q: _______ _______ _______ _______ to your school?
A: 버스로 5분 거리에요. A: It's five minutes away by bus.

Sentence Writing with Grammar

우리말과 일치하도록 알맞은 의문사와 (　　) 안의 말을 이용하여 문장을 완성하시오.

1 사진 속에 그 남자는 누구니? (be, the man)

______________________________ in the picture?

▶ who는 '누구'라는 의미로 사람에 대한 질문을 할 때 사용한다. 의문사가 있는 의문문 중 be동사가 쓰인 경우 「의문사+be동사+주어 …?」의 어순으로 쓴다.

2 너는 주말에 무엇을 할 거니? (will, do)

______________________________ on the weekend?

▶ what은 '무엇'이라는 의미로 사물이나 사람의 직업, 신분 등에 대한 질문을 할 때 사용한다. 의문사가 있는 의문문 중 조동사가 쓰인 경우 「의문사+조동사+주어+동사원형 …?」의 어순으로 쓴다.

3 택시와 버스 중에 어느 것이 더 편리하니? (be, convenient)

______________________________, a taxi or a bus?

▶ which는 '어느 것'이라는 의미로 한정된 범위 내에서 선택하는 것을 물을 때 사용한다. 의문사가 주어로 쓰일 때는, 「의문사+동사 …?」의 어순으로 쓴다.

4 너는 언제 점심을 먹니? (have lunch)

____

▶ when은 '언제'라는 의미로 시간이나 때를 물을 때 사용한다. 의문사가 있는 의문문 중 일반동사가 쓰인 경우 「의문사+do/does/did+주어+동사원형 …?」의 어순으로 쓴다.

5 Fred는 어제 어디서 공부했니? (study)

______________________________ yesterday?

▶ where는 '어디서', '어디에'라는 의미로 장소를 물을 때 사용한다.

6 그는 왜 속상해 하니? (be, upset)

____

▶ why는 '왜'라는 의미로 이유를 물을 때 사용한다.

7 내가 어떻게 시험 준비를 해야 할까? (should, prepare)

______________________________ for the test?

▶ how는 '어떤', '어떻게'라는 의미로 상태, 방법, 수단 등을 물을 때 사용한다.

8 그녀는 이탈리아에서 얼마나 머물렀니? (stay)

______________________________ in Italy?

▶ 「How+형용사/부사」는 '얼마나 …한[하게]'라는 의미로 뒤에 나오는 형용사나 부사에 따라 여러 가지 의미를 나타낼 수 있다. How long …?은 길이나 기간을 물을 때 사용한다.

A

River taxis are a good way to get around in Bangkok, Thailand. _______ are they good? In Bangkok, street traffic is heavy. So, you can save a lot of time by using river taxis. Also, you can reach many interesting places near the river. If you visit Bangkok, take a river taxi!

*river taxi 수상 택시

A
의문사가 있는 의문문

get around 돌아다니다
reach [riːtʃ] (동) 도달하다

1 위 글의 빈칸에 알맞은 의문사를 쓰시오.

____

2 위 글에서 수상 택시의 장점으로 언급된 것은? (두 개)

① 요금이 저렴하다.
② 교통 체증을 피할 수 있다.
③ 시내와 연결되어 있어 편리하다.
④ 강 주변의 흥미로운 장소들을 가볼 수 있다.
⑤ 강 주변 시설이 잘 되어있어 이용하기 편리하다.

B

Ron: __(A)__ are these people in the picture?
Sue: They are nomads from Mongolia. They move from place to place.
Ron: __(B)__ do they travel around?
Sue: They raise sheep and cows. They move around to find water and grass.
Ron: Interesting! __(C)__ do you know so much about nomads?
Sue: I wrote a report about them before.

*nomad 유목민

B
의문사가 있는 의문문

move [muːv] (명) 움직이다; *이동하다
travel [trǽvəl] (동) 여행하다; *이동하다
raise [reiz] (동) 기르다
grass [græs] (명) 풀

1 위 글의 빈칸 (A), (B), (C)에 들어갈 알맞은 말을 〈보기〉에서 골라 쓰시오.

〈보기〉	who	which	what	how	where	why

(A) _______ (B) _______ (C) _______

Actual Reading

01

What are the lives of billionaires like? They live in big houses and buy luxurious cars. That is typical among rich people. However, Charles F. Feeney is different. He is one of the richest people in the world. Although he started off selling sandwiches, now he has over 2,000 duty free shops around the world. Even with a huge amount of money, his life is simple. He wears inexpensive clothes and a $15 watch.

Then (he, where, spend, his money, does)? He uses it to help poor people. He said, "I had one idea, and it never changed in my mind—use wealth to help people. I was poor before, and I try to live a normal life as I did then."

1 위 글의 제목으로 가장 알맞은 것은?

① How to become a Billionaire
② Typical Hobbies of Billionaires
③ Special Lifestyles of Billionaires
④ The Exemplary Life of One Billionaire
⑤ Favorite Shopping Places of Billionaires

2 Charles F. Feeney에 관한 설명 중 위 글의 내용과 일치하지 않는 것은? (두 개)

① 세계에서 가장 부유한 사람 중 한 명이다.
② 샌드위치를 판매해본 적이 있다.
③ 2천 개가 넘는 면세점을 소유하고 있다.
④ 값비싼 옷을 자주 입는다.
⑤ 어렸을 때부터 집안이 부유했다.

서술형

3 위 글의 (   ) 안에 주어진 단어를 바르게 배열하여 문장을 완성하시오.

____

billionaire[bìljənɛ́ər] 명 억만장자, 갑부 luxurious[lʌgʒúəriəs] 형 호화로운 typical[típikəl] 형 전형적인 although[ɔːlðóu] 전 비록…일지라도 start off (…하는 것으로) 시작하다 duty free shop 면세점 huge[hjuːdʒ] 형 막대한, 거대한 simple[símpl] 형 단순한, 소박한 inexpensive[ìnikspénsiv] 형 비싸지 않은 wealth[welθ] 명 부, 재산 normal[nɔ́ːrməl] 형 보통의, 평범한 [문제] lifestyle[láifstail] 명 생활 방식 exemplary[igzémpləri] 형 모범적인

02

You are cooking dinner. The phone rings, and you answer it. Then your cat jumps onto the counter. It is walking toward the hot stove! You have to stop it. You don't have much time, but your brain moves quickly. Questions run through your mind — 내가 얼마나 많은 시간을 가지고 있지? *__How__ can I stop the cat? *__How far__ away am I? *__What__ should I do first? Should I turn off the stove or grab the cat?

In seconds, you decide what to do. You move fast and grab the cat before it gets hurt. You can do this because your brain processes the information very quickly and tells you how to react. No computer can work as quickly as your brain!

1 위 글의 주제로 가장 알맞은 것은?

① 시간을 절약하는 방법
② 개인별 사고방식의 차이
③ 인간 두뇌의 뛰어난 능력
④ 효율적인 가사일 처리 순서
⑤ 우선순위를 정해야 하는 이유

서술형

2 위 글의 밑줄 친 우리말을 ( ) 안에 주어진 단어를 이용하여 영어로 옮기시오.

______________________________ (time, have)

3 위 글에서 별표(*)가 표시된 문장을 모두 해석하시오.

counter [káuntər] 명 계산대; *조리대 stove [stouv] 명 난로; *가스레인지 brain [brein] 명 뇌 mind [maind] 명 마음, 정신 turn off (전기 등을) 끄다 grab [græb] 동 붙잡다 second [sékənd] 형 두 번째의 명 *초 hurt [həːrt] 형 다친 process [práses] 동 처리하다 react [riǽkt] 동 반응하다

UNIT 3 | 문장의 종류 2

A 부가·선택·부정 의문문

1 Brad is handsome, **isn't he**?
2 Which city will you visit, Tokyo **or** Bangkok?
3 **Didn't** you finish your homework?

1 Brad는 잘생겼어, 그렇지 않니?
2 너는 도쿄와 방콕 중 어느 도시를 방문할 거니?
3 너는 네 숙제를 끝내지 않았니?

1 부가 의문문: '…, 그렇지?', '…, 그렇지 않니?'

• 상대방의 동의 또는 확인을 구하기 위해 평서문 뒤에 붙는 간단한 의문문

형태	긍정문 뒤에는 부정 부정문 뒤에는 긍정	You *like* spaghetti, **don't you**? He *doesn't eat* raw fish, **does he**?
주어	평서문의 주어 → 대명사	*Susan* is pretty, **isn't she**?
동사	be동사 → be동사 조동사 → 조동사 일반동사 → do/does/did 시제는 주절의 시제와 일치	They *are* American, **aren't they**? He *can't* dance very well, **can he**? You *love* dogs, **don't you**? They *came* here a year ago, **didn't they**?

• 대답: 질문에 관계없이 답하는 내용이 긍정이면 Yes, 부정이면 No로 답함

Q: You bought a new jacket, **didn't you**? 너는 새 재킷을 샀지, **그렇지 않니?**

A: Yes, I did. / No, I didn't. 응, 새로 샀어. / 아니, 새로 사지 않았어.

※ 명령문의 부가 의문문: 「..., will you?」 / 권유문의 부가 의문문: 「..., shall we?」
Send me a postcard, **will you**? 나에게 엽서를 보내, **그래 줄 거지?**
Let's have lunch together, **shall we**? 같이 점심을 먹자, **그렇게 할래?**

2 선택 의문문: or를 써서 어느 한 쪽을 선택할 것을 요구하는 의문문

• 대답: Yes/No가 아닌 제시된 선택 사항들 중 하나를 골라서 대답

Q: Is Tom a singer **or** a comedian? Tom은 가수니 **아니면** 코미디언이니?

A: He is a singer. 그는 가수야.

3 부정 의문문: '…하지 않니?'

• 동사의 부정형으로 시작하는 의문문

be동사	「Isn't/Aren't/Wasn't/Weren't+주어 …?」	**Isn't** she beautiful?
조동사	「조동사와 not의 축약형(Can't, Won't…)+주어 …?」	**Can't** you be quiet?
일반동사	「Don't/Doesn't/Didn't+주어 …?」	**Don't** you agree with me?

• 대답: 질문에 관계없이 대답 내용이 긍정이면 Yes, 부정이면 No로 답함

Q: **Won't** you join our tennis club? 너 우리 테니스 동아리에 가입하지 **않을래?**

A: Yes, I will. / No, I won't. 응, 그럴게. / 아니, 그러지 않을 거야.

Check-up 우리말과 일치하도록 (　) 안의 말을 이용하여 문장을 완성하시오.

1 그들은 오늘 바쁘지 않니? (busy)

_______ _______ _______ today?

2 너는 네 방을 치웠어, 그렇지 않니? (clean, your room)

_______ _______ _______ _______, _______ _______?

3 그는 닭고기와 생선 중 어느 것을 더 좋아하니? (like, better, chicken, fish)

_______ _______ _______ _______ _______, _______ _______ _______?

B 명령문

1 **Turn** off the light.
2 **Don't smoke** here.
3 **Go** straight, **and** you will find a bus stop.
Bring an umbrella, **or** you will get wet in the rain.

1 불을 꺼라.
2 여기서 담배를 피우지 마라.
3 직진해라, 그러면 너는 버스 정류장을 발견할 것이다.
우산을 가져가라, 그렇지 않으면 너는 비에 젖을 것이다.

1 **명령문:** 「동사원형」 '…해라' (명령문의 앞 또는 뒤에 please를 붙이면 공손한 표현)
2 **부정 명령문:** 「Don't+동사원형」 '…하지 마라'
3 「**명령문, and ~**」 '…해라, 그러면 ~할 것이다' / 「**명령문, or ~**」 '…해라, 그렇지 않으면 ~할 것이다'

Check-up 우리말과 일치하도록 (　) 안의 말을 이용하여 문장을 완성하시오.

1 나를 혼자 두지 마. 나와 함께 있어 줘. (leave, stay)

_______ _______ me alone. Please _______ with me.

2 서둘러, 그러면 너는 그 기차를 탈 수 있어. (hurry up, can, catch)

_______ _______, _______ _______ _______ _______ the train.

C 감탄문

1 **What a beautiful day it is!**
2 **How smart you are!**

1 참 날씨가 좋구나!
2 너 참 똑똑하구나!

1 **What으로 시작하는 감탄문:** 「What+a(n)+형용사+명사(+주어+동사)!」
※ 명사가 복수형이거나 셀 수 없는 명사인 경우에는 a(n)을 쓰지 않음
What old houses (they are)! 참 오래된 집들이구나! / **What clean water** (it is)! 참 깨끗한 물이구나!
2 **How로 시작하는 감탄문:** 「How+형용사/부사(+주어+동사)!」

Check-up 다음 문장을 지시에 따라 바꿔 쓰시오.

1 You are very kind. (How로 시작하는 감탄문) → _______________________
2 It is a very pretty rose. (What으로 시작하는 감탄문) → _______________________

Sentence Writing with Grammar

우리말과 일치하도록 (　　) 안의 말을 이용하여 문장을 완성하시오.

1 Tom은 해산물을 좋아하지 않아, 그렇지? (like, seafood)

____

▶ 부가 의문문은 앞 평서문의 주어를 대명사로 바꿔서 사용하며, 앞 평서문이 부정인 경우 긍정을 쓴다. 일반동사가 사용된 경우 do/does/did를 사용하며, 시제는 주절의 시제와 일치시킨다.

2 너는 중국에 비행기로 갈 거니 아니면 배로 갈 거니? (will, go to China, by plane, by ship)

____

▶ 선택 의문문은 or를 써서 어느 한 쪽을 선택할 것을 요구하는 의문문이다.

3 Mr. White가 너의 영어 선생님이지 않니? (English teacher)

____

▶ be동사의 부정 의문문은 주어의 수와 시제에 따라 「Isn't/Aren't/Wasn't/Weren't+주어 …?」로 쓴다.

4 당신의 비밀번호를 바꿔 주세요. (change, password)

______________________________, please.

▶ 명령문은 동사원형을 사용한다. 명령문의 앞 또는 뒤에 please를 붙이면 공손한 표현이 된다.

5 손으로 너의 음식을 먹지 마라. (eat, food)

______________________________ with your hands.

▶ 부정 명령문은 「Don't+동사원형」이며, '…하지 마라'의 의미이다.

6 네 재킷을 입어라, 그렇지 않으면 너는 감기에 걸릴 거야. (put on, jacket, will, catch a cold)

____

▶ 「명령문, and ~」는 '…해라, 그러면 ~할 것이다'의 의미이고, 「명령문, or ~」는 '…해라, 그렇지 않으면 ~할 것이다'의 의미이다.

7 그것은 참 좋은 생각이구나! (what, great, idea, it)

____

▶ What으로 시작하는 감탄문은 「What+a(n)+형용사+명사(+주어+동사)!」이다.

8 이 건물들은 참 높구나! (how, tall, building)

____

▶ How로 시작하는 감탄문은 「How+형용사/부사(+주어+동사)!」이다.

Basic Reading

A

Dear Mr. Seymour,

Thank you for your kindness last summer. I had a great time.

You guided me around Sydney. You showed me the Opera House.

Then we saw some kangaroos at Taronga Zoo. They were amazing,

__________? Someday I'd like to visit Australia again. I miss you.

Give my love to your family.

Sincerely,

Emily

A
• 부가 의문문
• 명령문

kindness [káindnis] 명 친절
guide [gaid] 동 안내하다
amazing [əméiziŋ] 형 놀라운
someday [sʌ́mdèi] 부 언젠가
miss [mis] 동 그리워하다
give one's love to …에게 안부를 전하다

1 위 글의 목적으로 가장 알맞은 것은?

① 여행사에 항의하려고
② 여행 일정을 안내하려고
③ 자신의 나라에 초대하려고
④ 좋은 관광지를 추천하려고
⑤ 관광 안내에 대한 고마움을 전하려고

2 위 글의 빈칸에 알맞은 부가 의문문을 쓰시오.

____

B

Tony: 참 아름다운 그림이구나!

Kelly: Oh, it is *The Birth of Venus* by Botticelli.

Tony: Then what is that painting?

Kelly: It is *Venus and Mars*, also by Botticelli.

Tony: Which one seems more expensive, this one **or** that one?

Kelly: I'm not sure. They both are great works of art.

Tony: I agree. It's hard to put prices on them.

*Botticelli 보티첼리 (15-16세기 이탈리아의 화가)

B
• 감탄문
• 선택 의문문

birth [bəːrθ] 명 탄생
work [wəːrk] 명 일; *작품
hard [haːrd] 형 단단한; *어려운
put a price on …에 값을 매기다

서술형

1 위 글의 밑줄 친 우리말에 맞게 (   ) 안에 주어진 단어를 바르게 배열하여 문장을 완성하시오.

______________________________! (a, painting, what, beautiful)

Actual Reading

01

Americans use more than 500 million plastic straws each day. Many of these straws end up in the ocean. Straws don't just pollute our oceans. They can also kill sea animals. Rescuers found straws in turtles' noses and inside of seabirds' stomachs. By 2050, there could be more plastic in the water than fish. What can you do to prevent this? **Say** no to straws! ***Stop** using plastic straws. **Don't** just **do** it alone. ***Tell** your friends. **Start** today, 그러면 당신은 많은 바다 동물들을 구할 수 있다.

서술형

1 위 글의 밑줄 친 this가 가리키는 것을 우리말로 쓰시오.

____

서술형

2 위 글의 밑줄 친 우리말에 맞게 ( ) 안에 주어진 단어를 이용하여 문장을 완성하시오.

______________ many sea animals (can, save)

3 위 글에서 별표(*)가 표시된 문장을 모두 해석하시오.

million [míljən] 형 100만의 straw [strɔː] 명 빨대 end up 결국 …에 처하게 되다 pollute [pəlúːt] 동 오염시키다 rescuer [réskjuːər] 명 구조자 turtle [tə́ːrtl] 명 거북 seabird [siːbəːrd] 명 바닷새 stomach [stʌ́mək] 명 배 prevent [privént] 동 막다 [문제] save [seiv] 동 구하다

02

Don: Did you know that some people visit graveyards at night?

Ann: No. Who does that?

Don: Many Mexicans do. *They are brave, **aren't they**? They even play music, dance, and talk to the dead people there.

Ann: Why do ① they do that?

Don: They have the Day of the Dead on November 1 and 2. That's their way to celebrate it.

Ann: 그들은 유령들을 두려워하지 않니?

Don: No, they think spirits visit ② them during that time. However, ③ they think the spirits are their dead family members and friends. So ④ they visit their graves to remember good things about ⑤ them.

Ann: ***How interesting!** Now I understand.

1 위 글의 밑줄 친 they[them] 중 가리키는 바가 다른 하나는?

① ② ③ ④ ⑤

서술형

2 위 글의 밑줄 친 우리말에 맞게 ( ) 안에 주어진 단어를 이용하여 문장을 완성하시오.

_______ _______ _______ _______ ghosts? (be afraid of)

3 위 글에서 별표(*)가 표시된 문장을 모두 해석하시오.

graveyard [gréivjɑ̀ːrd] 명 묘지 brave [breiv] 형 용감한 dead [ded] 형 죽은 celebrate [séləbrèit] 동 축하하다, 기념하다 spirit [spírit] 명 정신, 영혼 grave [greiv] 명 무덤 understand [ʌndərstǽnd] 동 이해하다 [문제] ghost [goust] 명 유령

Word Review

다음 영어 단어의 우리말 뜻을 적으시오.

1	voice	______	21	billionaire	______
2	perfume	______	22	luxurious	______
3	bitter	______	23	typical	______
4	sour	______	24	simple	______
5	spider	______	25	inexpensive	______
6	dangerous	______	26	normal	______
7	allow	______	27	exemplary	______
8	talent	______	28	grab	______
9	performance	______	29	process	______
10	weather	______	30	raw	______
11	tail	______	31	straight	______
12	make a fool of	______	32	password	______
13	liar	______	33	miss	______
14	wild	______	34	birth	______
15	photographer	______	35	brave	______
16	make friends with	______	36	dead	______
17	end	______	37	celebrate	______
18	move	______	38	spirit	______
19	prefer	______	39	grave	______
20	go for a walk	______	40	ghost	______

memo

지은이

NE능률 영어교육연구소

NE능률 영어교육연구소는 혁신적이며 효율적인 영어 교재를 개발하고
영어 학습의 질을 한 단계 높이고자 노력하는 NE능률의 연구조직입니다.

열중16강 독해+문법 〈LEVEL 1〉

펴 낸 이 주민홍
펴 낸 곳 서울특별시 마포구 월드컵북로 396(상암동) 누리꿈스퀘어 비즈니스타워 10층
㈜NE능률 (우편번호 03925)
펴 낸 날 2019년 1월 5일 개정판 제1쇄 발행
2024년 5월 15일 제10쇄
전 화 02 2014 7114
팩 스 02 3142 0356
홈페이지 www.neungyule.com
등록번호 제1-68호
I S B N 979-11-253-2600-7 53740
정 가 9,000원

NE 능률

고객센터

교재 내용 문의 : contact.nebooks.co.kr (별도의 가입 절차 없이 작성 가능)
제품 구매, 교환, 불량, 반품 문의 : 02-2014-7114
☎ 전화문의는 본사 업무시간 중에만 가능합니다.

NE능률 교재 MAP

문법 구문

아래 교재 MAP을 참고하여 본인의 현재 혹은 목표 수준에 따라 교재를 선택하세요.
NE능률 교재들과 함께 영어실력을 쑥쑥~ 올려보세요!
MP3 등 교재 부가 학습 서비스 및 자세한 교재 정보는 www.nebooks.co.kr 에서 확인하세요.

초1-2

초3
- 그래머버디 1
- 초등영어 문법이 된다 Starter 1

초3-4
- 그래머버디 2
- 초등영어 문법이 된다 Starter 2
- 초등 Grammar Inside 1
- 초등 Grammar Inside 2

초4-5
- 그래머버디 3
- Grammar Bean 1
- Grammar Bean 2
- 초등영어 문법이 된다 1
- 초등 Grammar Inside 3
- 초등 Grammar Inside 4

초5-6
- Grammar Bean 3
- Grammar Bean 4
- 초등영어 문법이 된다 2
- 초등 Grammar Inside 5
- 초등 Grammar Inside 6

초6-예비중
- 능률중학영어 예비중
- Grammar Inside Starter
- 원리를 더한 영문법 STARTER

중1
- 능률중학영어 중1
- Grammar Zone 입문편
- Grammar Zone 워크북 입문편
- 1316 Grammar 1
- 문제로 마스터하는 중학영문법 1
- Grammar Inside 1
- 열중 16강 문법 1
- 쓰기로 마스터하는 중학서술형 1학년
- 중학 천문장 1

중1-2
- 능률중학영어 중2
- 1316 Grammar 2
- 문제로 마스터하는 중학영문법 2
- Grammar Inside 2
- 열중 16강 문법 2
- 원리를 더한 영문법 1
- 중학영문법 총정리 모의고사 1
- 중학 천문장 2

중2-3
- Grammar Zone 기초편
- Grammar Zone 워크북 기초편
- 1316 Grammar 3
- 원리를 더한 영문법 2
- 중학영문법 총정리 모의고사 2
- 쓰기로 마스터하는 중학서술형 2학년
- 중학 천문장 3

중3
- 능률중학영어 중3
- 문제로 마스터하는 중학영문법 3
- Grammar Inside 3
- 열중 16강 문법 3
- 중학영문법 총정리 모의고사 3
- 쓰기로 마스터하는 중학서술형 3학년

예비고-고1
- 문제로 마스터하는 고등영문법
- 올클 수능 어법 start
- 천문장 입문

고1
- Grammar Zone 기본편 1
- Grammar Zone 워크북 기본편 1
- Grammar Zone 기본편 2
- Grammar Zone 워크북 기본편 2
- 필히 통하는 고등 영문법 기본편
- 필히 통하는 고등 서술형 기본편
- 천문장 기본

고1-2
- 필히 통하는 고등 영문법 실력편
- 필히 통하는 고등 서술형 실전편
- TEPS BY STEP G+R Basic

고2-3
- Grammar Zone 종합편
- Grammar Zone 워크북 종합편
- 올클 수능 어법 완성
- 천문장 완성

고3

수능 이상/ 토플 80-89 · 텝스 600-699점
- TEPS BY STEP G+R 1

수능 이상/ 토플 90-99 · 텝스 700-799점
- TEPS BY STEP G+R 2

수능 이상/ 토플 100 · 텝스 800점 이상
- TEPS BY STEP G+R 3

열여섯 시간에 완성하는 중학 영어 단기 특강

열중16강

독해+문법
LEVEL 1

정답 및 해설

NE 능률

열여섯 시간에 완성하는 중학 영어 단기 특강

열중16강

독해+문법
LEVEL 1

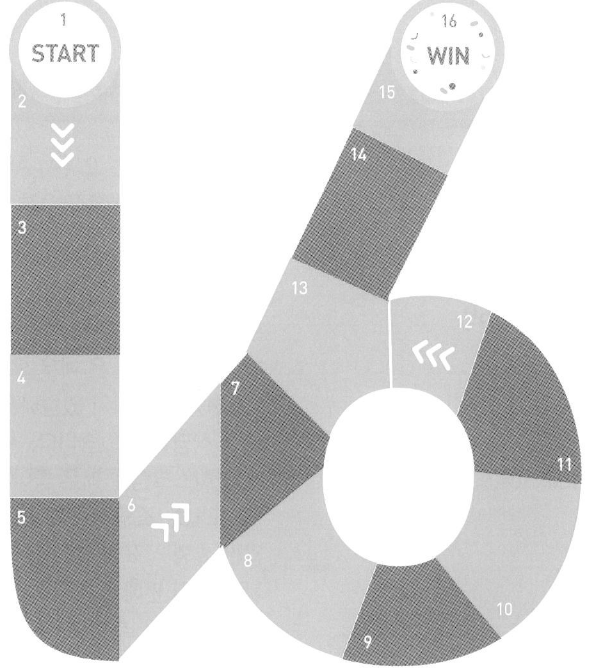

Unit 1 be동사

A be동사
pp. 6-7

Check-up

1. am / 나는 키가 크다.
2. are / 너희들은 학생이다.
3. are / Jake와 나는 자동차 안에 있다.
4. is / 그 행사는 일요일에 있다.

어휘 library [láibrèri] ⓜ 도서관 event [ivént] ⓜ 행사

B be동사의 부정문과 의문문

Check-up

1. They are not
2. Is she / Yes, she is
3. Are you / No, I'm not

어휘 be ready for … 할 준비가 되다 be from … 출신이다 twin [twin] ⓜ 쌍둥이 scientist [sáiəntist] ⓜ 과학자

C There+be동사

Check-up

1. There is a rose
2. Are there boys / No, there aren't

어휘 many [méni] ⓗ 많은 basket [bǽskit] ⓜ 바구니 vase [veis] ⓜ 꽃병 beach [biːtʃ] ⓜ 해변

Sentence Writing with Grammar
p. 8

1. I am [I'm] busy
2. We are [We're] best friends.
3. She is [She's] from China.
4. Chris is not [isn't] a baseball player.
5. Are you happy / No, I am not [I'm not].
6. There is a doll
7. There are not [aren't] many dishes
8. Are there pencils / Yes, there are.

어휘 busy [bízi] ⓗ 바쁜 cupboard [kʌbərd] ⓜ 찬장

Basic Reading
p. 9

A **1.** (1) T (2) F (3) F **2.** (A) is (B) is (C) are

해석 Eric과 Kate와 나는 가장 친한 친구들이다. Eric은 축구 선수다. 그는 훌륭한 스트라이커다. Kate는 수줍음이 많다. 그녀는 조용하다. 나? 나는 운동을 잘하지 못한다. 나는 조용하지 않다. 나는 재미있다! 우리는 다르지만, 서로를 좋아한다.

구문해설

2행 I **am** not **good at** sports.
▶ be good at: …을 잘하다, …에 능숙하다

문제해설

1 (2) 네 번째 문장에서 Kate는 수줍음이 많다고 했다.
(3) 마지막 문장에서 셋은 서로 다르다고 했다.

2 (A)와 (B)에는 주어가 3인칭 단수이므로 be동사 is를, (C)에는 주어가 1인칭 복수이므로 be동사 are를 써야 한다.

B **1.** There are two eggs

해석 탁자 위에 두 개의 계란이 있다. 그것들은 삶은 것일까 아니면 날 것일까? 계란을 돌려서 알아보아라. 만약 계란이 쉽게 돌아간다면, 그것은 삶은 것이다. 만약 그것이 잘 돌아가지 않는다면, 그것은 삶은 것이 아니다. 그것은 날 것이다. 아니면 계란을 물에 넣어 보아라. 날계란은 가라앉지만, 삶은 계란은 뜬다!

구문해설

1행 **Spin** the eggs and **find** out.
▶ '…해라'라는 명령을 할 때는 주어를 생략하고 동사원형을 사용함

2행 **If** an egg spins easily, it is hard-boiled.
▶ if: 만약 …라면 (조건)

문제해설

1 뒤에 복수명사가 올 때 '…이 있다'는 의미는 「There are+복수명사」로 나타낼 수 있다.

Actual Reading
pp. 10-11

01 **1.** ①, ④ **2.** (A) Are there (B) Yes, there are
3. 해석의 별표(*)가 있는 문장 참고

해석 로마는 여행자들에게 최고의 도시입니다. 왜냐고요? 근사한 장소들이 있습니까? 네, 있습니다! 시스틴 성당, 트레비 분수, 그리고 콜로세움 같은 많은 역사적 장소들이 로마에 있습니다. *그 장소들은 매우 오래되었지만 여전히 아름답습니다.
*또 훌륭한 음식이 있습니까? 물론 있습니다! 로마에는 많은 훌륭한 식당들이 있습니다. 사람들은 맛있는 피자와 파스타, 그리고 아이스크림을 매우 좋아합니다.
*그 도시는 쇼핑하기에 좋은 장소입니까? 물론입니다! 로마에는 많은 유명 상표의 상점들이 있습니다. *그곳들은 싸지는 않지만, 자주 할인 판매를 합니다.
*로마의 모든 부분에 즐거움이 있습니다. 그곳은 여행자들에게 훌륭한 장소입니다!

구문해설

1행 Rome is the best city **for** tourists.

▶ for: …을 위한

8행 **There are** *a lot of* brand-name shops in Rome.

▶ There are+복수명사: …이 있다

▶ a lot of: 많은

11행 **There is** joy in *every* part of Rome.

▶ There is+셀 수 없는 명사: …이 있다

▶ every+단수명사: 모든 …

문제해설

1 ①, ④ 아름다운 자연을 볼 수 있다거나 피자를 직접 만들어 볼 수 있다는 내용은 언급되지 않았다.

2 뒤에 복수명사가 올 때 「There+be동사」구문의 의문문은 「Are there+복수명사 …?」이며, 그에 대한 긍정의 대답은 Yes, there are.이다.

02 **1.** ④ **2.** (A) is (B) is

3. 해석의 별표(*)가 있는 문장 참고

해석 고기 애호가들을 위한 특별한 음식이 있습니다. 그것은 'turducken'입니다! 미국에서 그것은 새롭고 인기 있는 추수감사절 요리입니다. *그 요리에는 칠면조, 오리, 그리고 닭 세 가지 다른 종류의 고기가 있습니다. 'turducken'이라는 단어는 이 세 이름들의 조합에서 온 것입니다. *칠면조 고기 안에 오리 고기가 있습니다. 오리 고기 안에 닭고기가 있습니다.
*turducken은 요리사들에게 어려운 요리입니다. 그것은 긴 시간과 많은 노력이 듭니다. 요리사들은 모든 것을 합쳐서 5시간 동안 그것을 굽습니다.
turducken은 또한 매우 큽니다. *그것은 20명에게 충분합니다. 그러므로 대가족을 위한 식사가 있을 때, turducken을 만들어 보는 것은 어떨까요?

구문해설

6행 It **takes** a long time and a lot of effort.

▶ take: (시간·노력 등이) 들다

7행 Cooks **put** everything **together** and roast it *for* five hours.

▶ put A together: A를 합치다

▶ for: …동안 (시간)

8행 So **when** you have a big family meal, *why don't you try* turducken?

▶ when: …할 때

▶ why don't you+동사원형: …하는 것이 어때? (권유)

문제해설

1 ④ turducken은 시간이 오래 걸리고 노력이 많이 필요한 요리라고 했다.

2 (A) There 뒤에 단수명사가 오므로 be동사 is를 써야 한다.
(B) 주어가 3인칭 단수명사이므로 be동사 is를 써야 한다.

Unit 2 일반동사

A 일반동사의 긍정문 pp. 12-13

Check-up

1. live **2.** has **3.** love **4.** watches

1. 나는 지금 서울에 산다.
2. 그녀는 아름다운 눈을 가졌다.
3. 너는 힙합 음악을 매우 좋아한다.
4. Justin은 일요일마다 영화를 본다.

어휘 fantasy novel 판타지 소설 brush one's teeth 양치질을 하다 pass[pæs] ⓢ 통과하다 fix[fiks] ⓢ 수리하다; 고정하다

B 일반동사의 부정문

Check-up

1. don't like **2.** doesn't work **3.** doesn't come
4. don't have

어휘 tell a lie 거짓말을 하다 comic book 만화책 early[ə́:rli] ⓟ 일찍 wing[wiŋ] ⓜ 날개

C 일반동사의 의문문

Check-up

1. Does she cook **2.** Do you take
3. Does Jack check

어휘 pet[pet] ⓜ 반려동물 take a nap 낮잠을 자다 check [tʃek] ⓢ 확인하다

Sentence Writing with Grammar p. 14

1. We drink milk
2. He teaches English
3. Mary studies science
4. Mr. Smith has a big house.
5. I do not[don't] like spicy food.
6. The train does not[doesn't] run fast.
7. Do you keep a diary / Yes, I do.
8. Does Mike go to the gym / No, he doesn't.

어휘 science[sáiəns] ⓜ 과학 spicy[spáisi] ⓗ 매운 fast [fæst] ⓟ 빠르게 keep a diary 일기를 쓰다 gym[dʒim] ⓜ 체육관

Basic Reading
p. 15

A **1.** (A) shouts (B) does

해석 한 소년이 12월에 그의 집 앞에 서 있다. 그는 외친다. "나는 크리스마스에 로봇을 원해요!" 소년은 이것을 여러 번 한다. 소년의 이웃이 그의 말을 듣는다. 그녀는 그러고 나서 걸어가 외친다. "산타는 귀가 먹지 않았어!" 소년은 미소 지으며 말한다. "알아요. 하지만 우리 할머니가 그래요!"

구문해설

2행 The boy does **this** *several times*.
▶ this: 바로 앞 문장을 가리킴
▶ several times: 여러 번

3행 **The boy's** neighbor hears him.
▶ The boy's: The boy의 소유격

4행 But my grandmother is.
▶ be동사 is 다음에 deaf가 생략됨

문제해설

1 (A), (B) 모두 주어가 3인칭 단수(He[The boy])이므로 동사의 형태는 3인칭 단수형이 되어야 한다.

B **1.** ④ **2.** do not[don't] have

해석

엄마: George, 숙제를 하렴.
George: 그런데 저는 책이 없어요, 엄마.
엄마: George, 틀렸어. 이렇게 말해야지. 나는 책이 없다. 그는 책이 없다. 우리는 책이 없다.
George: 그러면 아무도 숙제를 할 수 없겠네요!

구문해설

1행 George, **do** your homework.
▶ 명령을 할 때는 주어를 생략하고 동사원형을 사용함

3행 You **should say** ....
▶ should + 동사원형: …해야 한다

5행 Then **no one** *can do* their homework!
▶ no one: 아무도 …않다
▶ can + 동사원형: …할 수 있다

문제해설

1 어머니는 George가 한 말인 "... I don't has a book."이 문법적으로 잘못되었음을 설명하려고 여러 예문을 든 것이지만, George는 그 문장들을 사실로 이해했다.

2 현재시제이고 주어가 3인칭 단수가 아닌 경우, 일반동사의 부정문은 「do not[don't] + 동사원형」이다.

Actual Reading
pp. 16-17

01 **1.** ① **2.** Do I do **3.** 해석의 별표(*)가 있는 문장 참고

해석 나는 의사입니다. *나는 독특한 병원에서 일합니다. *나는 많은 환자들을 돌봅니다. 내가 수술도 하냐고요? 네, 그렇습니다!
병원의 환자들은 매우 특별한 보살핌이 필요합니다. 나는 그들의 부러진 팔과 다리를 고칩니다. *나는 또한 환자들을 위해 새로운 눈, 코, 입술, 그리고 심지어 머리카락까지 만듭니다. 그게 전부가 아닙니다. 때로 나는 의류 디자이너나 화가와도 같습니다. *나는 환자들을 위해 새 옷을 디자인하고 만듭니다. 나는 그들의 얼굴을 칠하기도 합니다.
모든 치료 후에 그들은 집으로 갑니다. 그들이 감사해 할까요? 전혀 아닙니다! 그들은 사람이 아닙니다. 그것들은 인형들입니다! 나는 인형 의사입니다!

구문해설

1행 I **take care of** *many* patients.
▶ take care of: …을 돌보다
▶ many + 복수명사: 많은 …

8행 **Not at all**!
▶ not at all: 전혀 아니다

문제해설

1 인형의 부러진 팔과 다리를 고치고, 새로운 눈, 코, 입술 등을 만들며, 새 옷을 디자인하는 등 인형 의사가 하는 일들을 설명하는 글이다.

2 주어가 1인칭 단수인 일반동사 의문문은 「Do + 주어 + 동사원형 …?」이다.

02 **1.** ③ **2.** ④ **3.** 해석의 별표(*)가 있는 문장 참고

해석 내 친구 Kerim은 이슬람교도이다. 그는 한국에 살지만 라마단을 거르지 않는다. *그 기간 동안, 그는 몇몇 규칙을 따르고 알라신에게 기도한다. 그러면 라마단은 무엇일까?
그것은 이슬람교도들에게 성스러운 시간이다. 그것은 이슬람교도 달력으로 아홉 번째 달이다. 라마단 동안 이슬람교도들은 아침에 일찍 일어난다. 그들은 해가 뜰 때까지 알라신에게 기도한다. 그들은 하루에 다섯 번 기도한다. 또한 그들은 낮 동안 먹거나 마시지 않는다. *해가 지고 난 후에 그들은 식사를 한다. 라마단 동안 이슬람교도들은 나쁜 습관들을 버리고 그들 주변의 사람들에 대해 생각한다. *그러므로 이 달 동안 그들은 술을 마시거나 담배를 피우지 않는다. 그들은 또한 많은 자선 활동을 한다.

구문해설

2행 **During** that time, he follows some rules and prays to Allah.
▶ during: … 동안 (기간)

3행 Then **what is Ramadan**?
▶ what + be동사 + 주어 …?: …은 무엇일까?

4행 It is **the ninth** month of the Muslim calendar.
▶ the + 서수: … 번째

6행 They pray **five times** *a* day.
▶ 숫자 + time(s): … 번 (횟수)
▶ a: …마다 (= per)

문제해설

1 ③ 라마단 동안 낮에는 먹거나 마실 수 없다고 했다.

2 ④ 3인칭 단수 주어가 아닌 일반동사 부정문에는 doesn't가 아니라 don't를 써야 한다.

Unit 3 시제 1

A 현재시제

pp. 18-19

Check-up

A. **1.** rises **2.** are **3.** eat

어휘 catch[kætʃ] 동 잡다 worm[wəːrm] 명 벌레 east[iːst] 명 동쪽 post office 우체국

B 과거시제

ⓐ be동사의 과거시제

Check-up

1. were not **2.** Was/Yes, he was
3. Were you/No, we weren't

어휘 late[leit] 형 늦은 last[læst] 형 바로 앞의, 지난 same[seim] 형 같은

ⓑ 일반동사의 과거시제

Check-up

1. cut **2.** dropped **3.** didn't help
4. didn't buy/bought **5.** Did you have/No, I didn't

어휘 break out 발발[발생]하다 plan[plæn] 동 계획하다 drop[drɑp] 동 떨어지다; 떨어뜨리다 let[let] 동 (…을 하도록) 허락하다

Sentence Writing with Grammar

p. 20

1. I get up
2. He was hungry
3. They were not[weren't] close friends.
4. Were you in Canada / No, we weren't.
5. The baby wanted / cried
6. Mrs. Brown had / read
7. I did not[didn't] write emails
8. Did you enjoy the movie? / No, I didn't.

어휘 hungry[hʌŋgri] 형 배고픈 close[klous] 형 가까운, 친한 loudly[láudli] 부 크게 enjoy[indʒɔ́i] 동 즐기다

Basic Reading

p. 21

A **1.** (A) is (B) feels (C) enjoys

해석 「The Color Purple」이라는 소설에서 작가 Alice Walker는 "잉글랜드인들에게 차는 정말로 실내에서 소풍을 하는 것이다."라고 썼다. 나는 내 친구 Amy도 똑같이 느끼고 있다고 생각한다. 그녀는 잉글랜드에서 왔다. 매일 오후 4시에 그녀는 차 한 잔을 즐긴다.

구문해설

2행 ..., "Tea to **the English** is really a picnic indoors."
▶ the + 고유형용사: …나라 국민

2행 **I think** my friend Amy feels *the same way*.
▶ I think (that) + 주어 + 동사: 나는 …라고 생각한다
▶ the same way: 동일한 방식으로, 똑같이

4행 ..., she enjoys **a cup of tea**.
▶ a cup of + 셀 수 없는 명사: 한 컵의 …

문제해설

1 (A) 불변의 진리 · 속담 · 격언 등을 나타내므로 현재시제를 쓴다.
(B) 현재의 동작이나 상태를 나타내므로 현재시제를 쓴다.
(C) 일상적인 습관이나 반복되는 동작을 나타내므로 현재시제를 쓴다.

B **1.** ④ **2.** (A) made (B) wanted (C) gave

해석 어느 날, 한 환자가 그녀의 의사에게 지갑을 만들어 주었다. 그러나 그 의사는 그것을 좋아하지 않았다. 그는 돈을 원했다. 그는 지갑을 돌려주며 말했다. "나는 당신을 치료해 주었소. 치료비는 100달러요." 그러자 그 환자는 지갑에서 100달러짜리 지폐 10장을 꺼냈다. 그녀는 지폐 한 장을 의사에게 주었고, 나머지는 가졌다.

구문해설

1행 One day, a patient **made** a wallet **for** her doctor.
▶ make A for B: B에게 A를 만들어 주다

1행 But the doctor **didn't like** it.
▶ did not[didn't] + 동사원형: 일반동사의 과거시제 부정문

문제해설

1 의사는 지갑에 돈이 있을 것이라고 예상하지 못했기 때문에 나중에 환자가 지갑에서 돈을 꺼내서 그 중 일부만을 주는 것을 보고 실망했을 것이다.

2 (A), (B), (C) 모두 과거에 일어난 동작이나 상태를 나타내므로 모두 과거시제로 쓴다.

Actual Reading pp. 22-23

01 **1.** ④ **2.** ③ **3.** 해석의 별표(*)가 있는 문장 참고

해석 저는 제 아내에 대한 이야기를 하고 싶습니다. *저는 제 아내를 사랑하지만 그녀는 때때로 정말 너무 수다스럽습니다. 매일 그녀는 여러 시간 동안 전화로 이야기를 합니다. 매달 우리는 엄청난 전화 요금 고지서를 받고, 그것은 나를 신경 쓰이게 합니다. *하지만 며칠 전에 이상한 어떤 일이 일어났습니다. 그날 평상시처럼 전화벨이 울렸고, 아내는 즉시 수화기를 들었습니다. 그녀는 수다를 떨기 시작했습니다. 그런데 이번에는 그녀가 겨우 20분 후에 전화를 끊었습니다. 저는 놀랐고 기뻤습니다. 저는 "그 사람이 바빴나 보군."이라고 말했습니다. "아니요. *잘못 걸린 전화였어요."라고 아내가 대답하더군요.

구문해설

1행 **I'd like to tell** a story about my wife.
▶ would['d] like to-v: …하고 싶다

2행 Every day, she **talks** on the phone *for hours and hours*.
▶ 일상적인 습관이나 반복되는 동작을 나타내는 현재시제
▶ for hours and hours: 여러 시간 동안

4행 However, a few days ago, **something strange** happened.
▶ -thing으로 끝나는 대명사는 형용사가 뒤에서 꾸며줌

6행 She **started chatting** away.
▶ start v-ing: …하는 것을 시작하다 (= start to-v)

문제해설

1 여자가 모르는 사람과도 20분 동안 통화를 했다는 사실을 알았을 때 남자는 당황스러웠을 것이다.

2 ③ 과거에 일어난 일을 설명하고 있으므로 picks가 아니라 picked가 되어야 한다.

02 **1.** ④ **2.** (A) got (B) played (C) took
3. 해석의 별표(*)가 있는 문장 참고

해석 Cindy의 블로그
나의 Cancun으로의 여행
안녕, 여러분! 있잖아, 놀라지 마! 난 멕시코 Cancun에 있어! 어제 내 친구 Cathy와 나는 LA에서 비행기를 탔어. *4시간 후, 우리는 지상낙원에 있었어! Cancun은 아름다운 도시야. 그 이름은 '뱀의 보금자리'를 의미하지만 이 근처에는 뱀이 한 마리도 없어.
*우리는 어제 너무 피곤했고, 그래서 아무 것도 하지 않았어. 하지만 오늘 우리는 매우 일찍 일어났어. 우리는 바다에서 수영을 했고, 모래사장에서 놀았어. 날씨는 완벽했고, 물은 수정같이 맑았어. 우리는 바다에서 돌고래 몇 마리도 봤어! Cancun은 하얀 모래로 유명해. *그래서 점심을 먹고 나서 우리는 해변으로 돌아가서 거대한 모래 성을 만들었어. 나는 그것의 사진을 몇 장 찍었어.
Cancun은 정말 즐거운 곳이야. 나는 떠나고 싶지 않아!

구문해설

2행 **Guess what!**
▶ '있잖아, 놀라지 마'라는 의미로, 상대가 놀랄 것 같은 일을 알려줄 때 쓰는 표현임

5행 Its name **means** "snake's nest," but *there isn't* even one snake around here.
▶ 불변의 사실을 나타내는 현재시제
▶ there is not[isn't]+단수명사: …이 없다

10행 Cancun **is famous for** its white sand.
▶ be famous for: …로 유명하다

11행 I **took** some **pictures of** it.
▶ take a picture of: …의 사진을 찍다

문제해설

1 ④ 수족관이 아니라 바다에서 돌고래를 봤다고 했다.

2 과거에 있었던 일을 말하고 있으므로 (A), (B), (C) 모두 과거시제로 써야 한다.

Chapter 1 동사의 이해

Unit 4 시제 2

A 진행시제 pp. 24-25

Check-up

1. am not lying / am telling
2. was walking / was not[wasn't] taking
3. Are they swimming / they aren't

어휘 lie[lai] ⓢ 눕다; 거짓말하다 work[wəːrk] ⓢ 일하다 die[dai] ⓢ 죽다 truth[truːθ] ⓜ 사실

B 미래시제

ⓐ will

Check-up

1. Justin will be a singer.
2. We will not[won't] stay up late.
3. Will they take a yoga class?

1. Justin은 가수이다. → Justin은 가수가 될 것이다.
2. 우리는 늦게까지 깨어 있지 않는다. → 우리는 늦게까지 깨어 있지 않을 것이다.
3. 그들은 요가 수업을 듣니? → 그들은 요가 수업을 들을 거니?

어휘 grocery store 식료품점 stay up (늦게까지) 안 자다[깨어 있다]

ⓑ be going to

Check-up

1. Harry is going to buy

2. I am[I'm] not going to answer
3. Are you going to go shopping / Yes, I am
4. Is Emma going to visit / No, she isn't

어휘 free[friː] ⓗ 한가한 arrive[əráiv] ⓢ 도착하다
cell phone 휴대전화 question[kwéstʃən] ⓜ 질문

Sentence Writing with Grammar p. 26

1. I am[I'm] not playing / I am[I'm] helping
2. He was not[wasn't] living / He was studying
3. Were they jogging / No, they weren't.
4. Jenny will not[won't] hang out / will take a nap
5. Will you go to Busan / No, I won't.
6. Tim is going to have dinner / is not[isn't] going to eat out
7. Are they going to go swimming / Yes, they are.

어휘 jog[dʒɑg] ⓢ 조깅하다 hang out with …와 어울리다
eat out 외식하다

Basic Reading p. 27

A 1. A man was walking

해석 한 남자가 길을 걸어가고 있었다. 그러다 그는 걸음을 멈추고 하늘을 보았다. 한 소녀가 그를 보았고, 같은 행동을 했다. 더 많은 사람들이 왔고, 그들 모두 하늘을 쳐다보았다. 마침내 그 소녀가 그 남자에게 물었다. "뭘 보고 있는 건가요?" "코피가 나서요." 그가 말했다.

구문해설

1행 Then he stopped and **looked at** the sky.
▶ look at: …을 보다

2행 **More** people came, and they all looked at the sky.
▶ more: 더 많은 (many의 비교급)

3행 ..., "**What are you looking** at?"
▶ What + be동사 + 주어 + v-ing …?: (주어는) 무엇을 …하는 중인가요?

문제해설

1 '…하고 있었다'는 의미의 과거 진행시제는 「be동사의 과거형(was, were) + v-ing」이다.

B 1. ④ 2. 그리고 9월 21일에 그녀는 Sinclair 서점을 방문할 예정입니다.

해석 유명 소설가 Kelly Anderson이 전국을 순회하는 중입니다. 그리고 9월 21일에 그녀는 Sinclair 서점을 방문할 예정입니다. 그녀는 그녀의 새 소설을 낭독할 것입니다. 그리고 만약 당신이 책을 구입하시면 그녀가 그것에 사인을 해줄 것입니다. 이것은 무료 행사이오니 Sinclair 서점의 웹사이트를 통해서 오늘 신청하세요!

구문해설

1행 **The famous novelist Kelly Anderson** *is touring* the nation.
▶ The famous novelist와 Kelly Anderson은 같은 사람을 지칭
▶ be동사의 현재형 + v-ing: …하는 중이다 (현재 진행 시제)

1행 And on September 21, she **is going to visit** the Sinclair Bookstore.
▶ be going to + 동사원형: …할 예정이다, …할 것이다

2행 She **will read** from her new novel.
▶ will + 동사원형: …할 것이다

문제해설

1 ④ 마지막 문장에서 이것은 무료 행사라고 했다.

2 앞으로 있을 행사에 대해서 설명하는 글이므로 「be going to + 동사원형」은 '…할 예정이다'라고 해석하는 것이 자연스럽다.

Actual Reading pp. 28-29

01 1. ⑤ 2. a crow was flying
3. 해석의 별표(*)가 있는 문장 참고

해석 저의 짧은 강연에 와주셔서 감사합니다. 이솝 우화 중 하나로 시작하겠습니다.
어느 날 까마귀 한 마리가 길 위를 날고 있었습니다. 까마귀는 아래를 내려보았고, 학을 보았습니다. *그 학은 아름답게 길을 걸어가고 있었습니다. 까마귀는 학의 걸음걸이에 질투가 났습니다. 그래서 길로 날아 내려가면서 생각했습니다. "*나는 저 학처럼 걸을 거야!" 까마귀는 학의 걸음걸이를 여러 번 연습했습니다. 하지만 까마귀는 전혀 그것을 완전히 익히지 못했습니다. 결국 까마귀는 자신의 걸음걸이 방식도 잊어버렸습니다.
우리는 이 이야기에서 무엇을 배울 수 있습니까? 그것은 간단합니다. 자신만의 독자성을 유지하십시오! *만약 당신이 다른 사람들을 따라 한다면 당신은 성공하지 않을 것입니다. 여러분은 어떻습니까? *지금 까마귀와 같이 행동하고 있습니까?

구문해설

1행 **Thank you for coming** to my short speech.
▶ Thank you for v-ing: …해줘서 고맙다

1행 **Let me start** with *one of Aesop's fables*.
▶ let + 목적어 + 동사원형: …이 ~하게 하다
▶ one of + 복수명사: … 중의 하나

4행 The crane **was walking** beautifully down the road.
▶ be동사의 과거형 + v-ing: …하고 있었다 (과거 진행 시제)

5행 So she **flew** down to the road and **thought**, "I *am going to walk* like that crane!"
▶ fly의 과거형은 flew, think의 과거형은 thought임
▶ be going to+동사원형: …할 것이다

7행 **At the end**, she even *forgot* her **own** walking style.
▶ at the end: 결국에는
▶ forget의 과거형은 forgot
▶ own: … 자신의 (소유의 뜻을 강조)

10행 **If** you copy other people, you *won't succeed*.
▶ if: 만약 …라면 (조건)
▶ will not[won't]+동사원형: will의 부정문

10행 **Are you acting** like the crow now?
▶ be동사+주어+v-ing …?: 진행시제 의문문

문제해설

1 타인을 따라 하는 것을 경계하는 내용의 연설문이다.
① 충만한 삶을 사십시오
② 실수를 통해 배우십시오
③ 당신의 습관을 바꾸십시오
④ 사람들의 충고를 받아들이십시오
⑤ 자신만의 독자성을 유지하십시오

2 '…하고 있었다'는 과거 진행시제는 「주어+be동사의 과거형(was, were)+v-ing」의 형태이다.

02 1. ⑤ 2. (A) are developing (B) will save
3. 해석의 별표(*)가 있는 문장 참고

해석 쓰레기가 지구에만 있을까? 아니, 그렇지 않다. 그것은 우주에도 있다! 실제로 그곳에는 약 2만 7천 개의 우주 쓰레기 조각들이 있다.
우주 쓰레기는 매우 위험하다. 그것은 우주선들에 자주 해를 입힌다. 그래서 과학자들은 몇몇 놀라운 계획들을 개발하고 있다. 그들은 그물, 레이저, 그리고 심지어 로봇까지 사용할 것이다. *그리고 그들은 그 모든 쓰레기들을 지구로 가져올 것이다. 그들이 지구로 우주 쓰레기를 가져오면, 그들은 그것을 재활용할 것이다.
*이 계획들은 수백만 달러의 비용이 들 것이다. 그러나 과학자들은 우리가 미래에 얼마간의 돈을 절약할 수 있을 것이라고 생각한다. *만약 우리가 우주 쓰레기를 치운다면, 우리의 비싼 우주선들이 안전할 것이다!

구문해설

1행 Actually **there are** *about* 27,000 **pieces of space junk** out there.
▶ there are+복수명사: …이 있다
▶ about: 약 …
▶ … pieces of+셀 수 없는 명사: … 조각의 ~

8행 These plans **will cost** *millions of* dollars.
▶ will+동사원형: … 할 것이다
▶ millions of: 수백만의

문제해설

1 ⑤ 투입될 인원이 얼마나 될지에 대해서는 언급되지 않았다.

2 (A) 현재 진행 중인 일이므로 현재 진행시제를 사용한 are developing이 적절하다.
(B) 미래에 있을 일이므로 미래를 나타내는 조동사 will을 사용한 will save가 적절하다.

Chapter 1 동사의 이해

Unit 5 조동사 1

A can

pp. 30-31

Check-up

1. be 2. wait 3. ride 4. to dance 5. speak

1. 그들은 좋은 친구들이 될 수 있다.
2. 잠깐만 기다려 주시겠습니까?
3. 그녀는 말을 탈 수 없다.
4. 그들은 춤을 잘 출 수 있습니까?
5. 제가 Mr. Kim과 이야기할 수 있을까요?

어휘 Spanish[spǽniʃ] 명 스페인어 understand[ʌndərstǽnd] 동 이해하다 dessert[dizə́:rt] 명 후식, 디저트 minute[mínit] 명 분; *잠깐

B may

Check-up

1. May I close
2. You may sit
3. They may[might] not be

어휘 true[tru:] 형 사실인 Japanese[dʒæpəní:z] 형 일본인의 명 *일본인

C will

Check-up

1. 라디오 좀 켜 줄래?
2. 그들은 유럽으로 여행을 가지 않을 것이다.
3. 나는 매일 아침 조깅을 하러 갈 것이다.

어휘 keep a secret 비밀을 지키다 again[əgén] 부 한 번 더, 다시 do the dishes 설거지하다 turn on (전기 등을) 켜다 travel[trǽvəl] 동 여행하다 catch[kætʃ] 동 잡다; *(버스 등을 제시간에) 타다 attend[əténd] 동 참석하다 on time 제시간에

Sentence Writing with Grammar p. 32

1. I can solve the problem
2. You cannot[can't] wear a hat
3. Can[Could] you explain the rule
4. Robin is not[isn't] able to buy the car.
5. You may go to bed
6. They may[might] feel lonely
7. I will get up early. / I will not[won't] sleep in.
8. Will[Would] you get the phone?

어휘 solve[sɑːlv] 동 풀다, 해결하다 problem[prɑ́ːbləm] 명 문제 wear[wɛər] 동 (옷·모자 등을) 입고[쓰고] 있다 explain[ikspléin] 동 설명하다 lonely[lóunli] 형 외로운 abroad[əbrɔ́ːd] 부 해외에(서) sleep in 늦잠을 자다 get the phone 전화를 받다

Basic Reading p. 33

A 1. ①, ④ 2. ⑤

해석 좋고 건강한 습관을 들입시다! 바르게 먹고 운동을 자주 하세요. 그러면 당신은 건강해질 수 있습니다. 쉬운 것부터 시작해서 그것을 매일 하세요. 저의 계획은 단순합니다. 저는 매일 아침 10분 동안 달릴 것입니다. 많은 사람들이 도중에 그만둘지도 모릅니다. 그러나 멈추지 마세요. 그것을 당신의 일상으로 만드세요!

구문해설

1행 **Let's *get* *into*** good, healthy habits!
▶ Let's+동사원형: …하자 (권유)
▶ get into: (특정한 습관을) 들이다

4행 Many people **may** quit *in the middle*.
▶ may: …일지도 모른다 (불확실한 추측)
▶ in the middle: 중간에

4행 However, **don't stop**.
▶ don't+동사원형: …하지 마라 (부정 명령문)

4행 **Make it your routine**!
▶ make A B: A를 B로 만들다

문제해설

1 글쓴이는 쉬운 운동을 매일 꾸준히 해야 한다고 주장하고 있다.

2 can이 능력이나 가능의 뜻으로 사용될 때는 be able to와 바꿔 쓸 수 있고, will이 미래의 의미로 사용될 때는 be going to와 바꿔 쓸 수 있다.

B 1. Can frogs rain down 2. ③

해석 하늘에서 개구리가 쏟아질 수 있을까? 그렇다! 그것은 세르비아의 한 마을에서 일어났다. 그곳의 사람들은 비행기가 그것들을 떨어뜨렸다고 생각했다. 그러나 과학자들은 다른 설명을 한다. 토네이도가 호수와 연못에서 개구리와 물고기들을 꺼내어 갈 수 있다. 그러고 나서 먼 곳에 그것들을 떨어뜨린다. 심지어 당신의 마을에 그것들을 떨어뜨릴지도 모른다!

구문해설

3행 Tornadoes **can** *take* frogs and fish *from* lakes and ponds.
▶ can: …할 수 있다 (능력·가능)
▶ take A from B: A를 B에서 꺼내다

4행 They **might** even drop them on your town!
▶ might: may보다 가능성이 더 낮은 추측

문제해설

1 조동사의 의문문은 「조동사+주어+동사원형 …?」이다.

2 주어진 문장 이후에는 과학자들이 설명하는 내용이 나와야 하는데 ③ 이전에는 마을 사람들의 생각이 나와 있고 그 이후부터 새로운 설명이 시작되므로 주어진 문장은 ③에 들어가야 한다.

Actual Reading pp. 34-35

01 1. ③ 2. ④ 3. 해석의 별표(*)가 있는 문장 참고

해석 나는 한 달 전에 중학교를 다니기 시작했지만, 나는 내가 벌써 익숙해졌다고 생각한다. 처음에 나는 새로운 학교를 두려워했다. 모든 것이 이상해 보였고, 나는 예전 친구들을 그리워했다. 그렇지만 나는 적응하려고 노력했다. 우선 나는 동아리 몇 개에 가입했다. *알다시피 동아리에서는 새로운 멋진 사람들을 좀 만날 수 있다. *운 좋게도, 나는 거기서 많은 친구들을 사귈 수 있었다. 그리고 나는 새로운 과목들을 배우기 시작했다. 그것이 처음에는 나에게 매우 어려웠지만 나는 항상 수업 시간에 집중했다. *이제 나는 좋은 점수를 받으며, 수학 수업에서는 가장 잘하는 학생일지도 모른다. 나는 새 친구들과 수업들이 아주 좋다. 나는 새 학교에서 행복하다!

구문해설

2행 **At first**, I *was scared of* the new school.
▶ at first: 처음에는
▶ be scared of: …을 두려워하다

3행 Everything **seemed weird**, ...
▶ seem+형용사: …해 보이다

3행 But I **tried to *fit*** *in*.
▶ try to+동사원형: …하려고 노력하다
▶ fit in: 맞추다, 적응하다

4행 **As you know**, you can meet some nice new people in clubs.
▶ As you know: 알다시피

5행 Luckily, I **was able to** make *a lot of* friends there.
▶ was able to: 할 수 있었다 (= could)
▶ a lot of: 많은 … (= lots of)

6행 And I **started to learn** new subjects.

▶ start to-v: …하는 것을 시작하다 (= start v-ing)

문제해설

1 중학교에서의 생활이 처음에는 두려웠지만, 동아리에 가입하고 수업 시간에 집중함으로써 점점 적응했으며 이제는 행복하다는 내용이므로 '익숙해지다'가 가장 적절하다.

2 밑줄 친 may는 '…일지도 모른다'는 불확실한 추측을 나타내는 조동사이므로 ④가 정답이다. ①, ②, ③, ⑤는 허락의 의미를 나타낸다.
① 너는 우리와 함께 지내도 좋다.
② 제가 화장실에 가도 될까요?
③ 우리는 지금 집에 가서는 안 된다.
④ 그 답은 옳지 않을지도 모른다.
⑤ 사람들은 여기에서 사진을 찍어도 된다.

02 1. ① 2. ④ 3. 해석의 별표(*)가 있는 문장 참고

해석 오늘 나는 영화표, 1987년도 동전, 크리스마스 카드 등 많은 이상한 물건들을 찾았다. *당신은 왜 그런지 궁금할지도 모른다. 그래, 나는 물건 찾기 놀이를 하고 있었다!
이 놀이에서 기본적인 규칙은 간단하다. 목록에 있는 물건들을 빨리 찾는 것이다! 목록에는 많은 특이한 것들이 있어서 놀이는 어렵다. 만약 당신이 목록에 있는 것들을 가장 먼저 다 찾으면, 당신이 우승자이다.
다른 규칙들도 있다. 예를 들어, 당신은 물건을 살 수 없다. 당신은 또한 자신의 소지품을 사용할 수 없다. *만약 그런 방식으로 놀이를 한다면 놀이는 너무 쉽고 따분할 것이다.

구문해설

7행 **For example**, you cannot buy the items.
▶ for example: 예를 들어 (= for instance)

8행 If you play **that way**, the game will be *too easy and boring*.
▶ that way: 그런 방식으로
▶ too + 형용사: 너무 …한

문제해설

1 물건 찾기 놀이를 하는 방법에 대해 설명하는 글이다.
① 물건 찾기 놀이의 규칙들
② 물건 찾기 놀이의 기원
③ 수집을 위한 흥미로운 물건들
④ 최고의 쓰레기 수집가의 비밀
⑤ 세계 최대의 물건 찾기 놀이

2 글의 문맥상 놀이 참여자들이 목록의 물건을 사거나 자신의 소지품을 사용한다면 놀이는 너무 쉽고 지루할 것이라고 했으므로, '…할 수 없다'의 의미인 cannot이 (A)와 (B)에 공통으로 들어가야 한다.

Unit 6 조동사 2

A must

pp. 36-37

Check-up

1. cannot / Alice는 매우 정직하다. 그녀가 거짓말쟁이일 리가 없다.
2. must not / 모든 사람들이 조용히 공부하고 있다. 너는 시끄럽게 해서는 안 된다.
3. must / 저 7살짜리 남자 아이는 대학에 다닌다. 그는 천재임에 틀림없다.

어휘 park[pɑːrk] ⑧ 주차하다 married[mǽrid] ⑱ 결혼을 한, 기혼의 honest[ɑ́ːnist] ⑱ 정직한 liar[láiər] ⑲ 거짓말쟁이 quietly[kwáiətli] ⑮ 조용히 noisy[nɔ́izi] ⑱ 시끄러운 college [kɑ́lidʒ] ⑲ 대학 genius[dʒíːnjəs] ⑲ 천재

B have to

Check-up

1. has to change 2. Do I have to give

1. 그녀는 대전에서 기차를 갈아타야 한다.
2. 제가 그 웨이터에게 팁을 주어야만 합니까?

어휘 dentist[déntist] ⑲ 치과의사 hurry up 서두르다 suit [suːt] ⑲ 정장 take medicine 약을 먹다 tip[tip] ⑲ 팁, 봉사료 waiter[wéitər] ⑲ 종업원, 웨이터

C should

Check-up

1. You should lock the door.
2. You should not[shouldn't] jump
3. Should we invite Carol

어휘 junk food 정크 푸드 (열량은 높으나 영양가는 낮은 스낵식 식품) lock[lɑk] ⑧ 잠그다 invite[inváit] ⑧ 초대하다

Sentence Writing with Grammar

p. 38

1. We must help people
2. You must not[mustn't] eat snacks
3. Brad must be busy
4. They have to take a test
5. You don't have to apologize
6. Does he have to stay
7. We should learn foreign languages.
8. You should not[shouldn't] skip this class.

어휘 danger[déindʒər] ⑲ 위험 take a test 시험을 보다

apologize[əpάːlədʒàiz] 동 사과하다 foreign[fɔ́ːrən] 형 외국의 language[lǽŋgwidʒ] 명 언어 skip[skip] 동 거르다, 빼먹다

Basic Reading

p. 39

A **1.** don't have to be

해석 당신은 아주 신나는 경험을 원하십니까? 그렇다면, 뉴질랜드의 Queenstown에 있는 Kawarau Bridge에서 번지 점프를 해보십시오! 당신이 어른일 필요는 없습니다. 하지만 나이는 10세를 넘어야 하고 키는 1.2미터를 넘어야 합니다. 또한 몸무게가 235킬로그램을 넘으면 안 됩니다.

구문해설

4행 Also, you **must not** weigh *more than* 235 kilograms.
▶ must not: …하면 안 된다 (의무)
▶ more than: …보다 많이

문제해설

1 '…할 필요가 없다'는 의미이고 주어가 You이므로 don't have to be를 써야 한다.

B **1.** water cannot go down through the desert sand easily **2.** (A) must not (B) must

해석 놀랍게도, 사람들은 사막에서 익사할 수 있다. 물은 사막의 모래를 뚫고 쉽게 아래로 내려갈 수 없어서 폭우는 때때로 홍수를 일으킨다. 그러므로 사막에서 비가 내릴 때, 당신은 저지대에 머물러 있어서는 안 된다. 당신은 고지대로 가야만 한다. 그리고 일기 예보에 항상 주의를 기울여야 한다.

구문해설

4행 And you **should** always *pay attention to* the weather report.
▶ should: …해야 한다 (의무·충고)
▶ pay attention to: …에 주의를 기울이다

문제해설

1 Q: 지문에 따르면, 왜 폭우는 때때로 사막에서 홍수를 일으키는가?
A: 왜냐하면 물이 사막의 모래를 뚫고 쉽게 아래로 내려갈 수 없기 때문이다.
사막에서 익사할 수 있는 이유는 두 번째 문장에 나와 있다.

2 폭우가 내리면 홍수가 날 수 있으므로 저지대에 있어서는 안 되고 고지대로 가야만 한다. 따라서 (A)에는 '…해서는 안 된다'의 의미인 must not, (B)에는 '…해야 한다'의 의미인 must가 들어가야 한다.

Actual Reading

pp. 40-41

01 **1.** ④ **2.** ④ **3.** 해석의 별표(*)가 있는 문장 참고

해석 *Dynamic Asia*에서 새 학생 기자들을 모집합니다.
*Dynamic Asia*는 아시아 문화에 대한 잡지입니다. 저희는 현재 우리 잡지를 위한 작가들을 찾고 있습니다. 그들은 잡지에 아시아의 문화적 주제들에 대한 이야기를 쓰게 될 것입니다. *작가들은 매달 세 개의 기사를 써야 하며 사진들도 찍어야 합니다. *지원자들은 한국어와 영어로 말하고 쓸 수 있어야 합니다. 만약 이 일에 관심이 있으시다면, 당신의 이력서와 아시아의 음식 문화에 대한 견본 기사를 저희에게 보내주십시오. 그것은 다른 주제에 대한 것이어서는 안 됩니다. *당신의 기사는 한국어와 영어 둘 다로 적어도 2페이지 길이가 되어야 합니다. *또한 당신의 사진을 보내실 필요는 없습니다. 지원 기간은 2월 4일부터 2월 19일까지입니다. 질문이 더 있으시면, 저희에게 연락 주시기 바랍니다.

구문해설

4행 Writers **have to** write three articles *every month* and **should** take photos *as well*.
▶ have to: …해야 한다 (= must)
▶ every + 단수명사: 매 …
▶ should: …해야 한다 (의무·충고)
▶ as well: 또한, 역시

5행 Applicants **must be able to** speak and write *in* Korean and English.
▶ must be able to: …할 수 있어야만 한다 (의무 + 능력·가능)
▶ in: …으로 (언어)

6행 If you **are interested in** the job, please *send us your résumé and a sample article* about Asian food culture.
▶ be interested in: …에 관심이 있다
▶ send A B: A에게 B를 보내다

8행 Your article should be at least two pages **long** in *both* Korean *and* English.
▶ long: 길이가 …인
▶ both A and B: A와 B 둘 다

문제해설

1 ④ 사진을 보낼 필요는 없다고 했다.

2 견본 기사의 주제를 아시아의 음식 문화로 제한하였으므로 다른 주제가 되어서는 안 된다. 따라서 should not을 써야 한다.

02 **1.** ③, ④ **2.** ③ **3.** 해석의 별표(*)가 있는 문장 참고

해석 어느 날, 한 남자가 도로 요금소로 운전을 하고 와서 "다음에 오는 차 두 대의 통행료도 제가 지불하는 겁니다."라고 말한다. 다음 두 운전자들이 도로 요금소에 왔을 때, 그들은 "어떤 분이 이미 대신 지불하셨습니다."라는 말을 듣는다. 당신이 그 두 운전자들 중 하나라고 상상해 보아라. *당신은 그 남자로 인

해 행복함에 틀림없다.
이것은 '임의로 베푸는 친절'의 한 가지 예이다. 만약 한 사람이 다른 사람들을 위해 좋은 일을 한다면, 그들도 다른 사람들을 위해서 좋은 일을 할지도 모른다. 이런 방식으로 친절은 세상으로 퍼져 나간다.
*그렇다면 임의로 베푸는 친절이 커야만 할까? 전혀 그렇지 않다! *그것은 클 필요가 없다. 작은 행동조차도 효과가 있을 것이다. 오늘 다른 사람을 위해 문을 열어주어라. 그것으로 충분할 것이다!

구문해설

3행 **Imagine** you are *one of the two drivers*.
▶ Imagine+(that)+주어+동사 …: …라고 상상해 보아라 (명령문)
▶ one of+복수명사: … 중의 하나

4행 You must be happy **because of** the man.
▶ because of+명사(구): … 때문에

문제해설

1 글쓴이는 하나의 친절한 행위가 또 다른 친절한 행위를 이끌어내 세상이 변화할 수 있으며, 작은 친절 행위라도 실천하면 효과가 있다고 주장하고 있다.

2 밑줄 친 must는 '…임에 틀림없다'라는 강한 추측의 의미이므로 정답은 ③이다. ①, ②, ④, ⑤는 의무의 의미이다.
① 우리는 제시간에 도착해야 한다.
② 그들은 열심히 일해야 한다.
③ 그는 Sarah에게 화가 난 것이 틀림없다.
④ 나는 지금 당장 이 일을 해야 한다.
⑤ 너는 수업에 늦어서는 안 된다.

Word Review p. 42

1. 조용한 **2.** 다른 **3.** 가라앉다 **4.** 관광객 **5.** 아주 맛있는 **6.** (값이) 싼 **7.** 인기 있는 **8.** 노력 **9.** 체육관 **10.** 외치다, 소리치다 **11.** 이웃 **12.** 맞는, 정확한 **13.** 독특한 **14.** …을 돌보다 **15.** 환자 **16.** 거르다, 빼먹다 **17.** 수수료, 요금 **18.** 막대한 **19.** 이상한 **20.** 추측하다, 짐작하다 **21.** 떠나다 **22.** 등록하다, 신청하다 **23.** 연설, 강연 **24.** 질투하는 **25.** 연습하다 **26.** 쓰레기 **27.** 우주 **28.** 야기하다, …을 초래하다 **29.** 개발하다 **30.** 설명하다 **31.** 외로운 **32.** 그만두다 **33.** 주의를 기울이다 **34.** 궁금해하다 **35.** 기원, 근원 **36.** 초대하다 **37.** 홍수 **38.** 문화 **39.** 무작위의, 임의의 **40.** 퍼지다

Unit 1 명사와 관사

A 셀 수 있는 명사 pp. 44-45

Check-up

1. watches 2. leaves 3. women 4. cities

1. 나는 시계 세 개를 샀다.
2. 마당에는 많은 나뭇잎들이 있다.
3. 여자 두 명이 벤치에 앉아 있다.
4. 뉴욕과 파리는 내가 가장 좋아하는 도시들이다.

어휘 roof[ru:f] 명 지붕 belief[bilí:f] 명 믿음 ox[aks] 명 황소 hunter[hʌ́ntər] 명 사냥꾼 follow[fálou] 동 따라가다 grass[græs] 명 풀 yard[jɑ:rd] 명 마당

B 셀 수 없는 명사

Check-up

1. Italy 2. happiness
3. two pieces of pizza / a glass of juice

1. 그들은 이탈리아로 여행을 갔다.
2. 그 소년은 크게 행복해하며 뛰었다.
3. 나는 피자 두 조각과 주스 한 잔을 먹었다.

어휘 laughter[lǽftər] 명 웃음 medicine[médəsin] 명 약 without[wiðáut] 전 … 없이 health[helθ] 명 건강 freedom[frí:dəm] 명 자유

C 관사

Check-up

1. the, The 2. a, The 3. the, X

1. 하늘을 보아라. 해가 지고 있다.
2. 나는 파리에서 한 소녀를 만났다. 그 소녀가 나에게 에펠탑으로 가는 방법을 알려주었다.
3. Sam은 집에서 인터넷을 했다. Lisa는 밖에서 테니스를 쳤다.

어휘 come out 나오다, 출간되다 on foot 걸어서 airport[ɛ́ərpɔ̀:rt] 명 공항 station[stéiʃən] 명 역, 정거장 set[set] 동 (해·달이) 지다 way[wei] 명 (어떤 곳에 이르는) 길 surf the Internet 인터넷을 하다

Sentence Writing with Grammar p. 46

1. She borrowed three books
2. Jenny needs three onions and five tomatoes.
3. I ordered three cups of coffee
4. Daisy had a sandwich

5. is fifty dollars a day
6. Can you close the door?
7. Jake played the guitar under the moon.
8. We go to school on foot.

어휘 borrow[bάːrou] ⓢ 빌리다 onion[ʌ́njən] ⓜ 양파 order [ɔ́ːrdər] ⓢ 주문하다 pay[pei] ⓜ 급료, 임금

Basic Reading

p. 47

A 1. (A) a hamster (B) two fish

해석

아빠: 내게 다음 주에 있을 네 생일 선물이 하나 있단다.
아들: 와! 고마워요, 아빠. 그게 뭐예요?
아빠: 내가 두 마리의 토끼와 햄스터 한 마리를 너에게 줄 거야. 그렇다면 우리는 몇 마리의 동물을 갖게 될까?
아들: 우리는 일곱 마리의 반려동물을 갖게 될 거예요.
아빠: 일곱? 어떻게 그렇게 되지?
아들: 우리는 이미 두 마리의 새와 두 마리의 물고기가 있잖아요! 아빠가 작년에 저에게 그것들을 주셨어요.

구문해설

3행 I'll **give you two rabbits and a hamster**.
▶ give + 간접목적어 + 직접목적어: …에게 ~을 주다 (4형식)

3행 Then **how many animals** will we have?
▶ how many + 복수명사: 얼마나 많은 …

6행 How is **that**?
▶ that: 앞 문장 전체(= We will have seven pets.)

7행 You **gave them to me** last year.
▶ give + 직접목적어 + 전치사 to+간접목적어: …을 ~에게 주다 (3형식)

문제해설

1 (A) 자음으로 시작하는 명사 앞에는 부정관사 a를 쓴다. (B) fish의 복수형은 fish이다.

B 1. ② 2. ⑤

해석 어느 날, 쥐 세 마리가 주방에서 약간의 치즈와 감자를 훔치고 있었다. 갑자기 고양이 한 마리가 나타났다. 아버지 쥐는 개처럼 "멍멍!"하고 소리쳤다. 그러자 그 고양이는 달아났다. 그의 두 자녀가 물어보았다. "그걸 어떻게 하신 건가요, 아빠?" 아버지 쥐가 대답했다. "나는 외국어를 배워두었지. 그것은 매우 유용하단다."

구문해설

1행 One day, three **mice** *were stealing* some **cheese** and *potatoes* from the kitchen.
▶ mice: mouse의 복수형
▶ be동사의 과거형 + v-ing: …하고 있었다 (과거 진행 시제)
▶ cheese: 셀 수 없는 물질명사
▶ potatoes: -o로 끝나는 명사 복수형은 「명사 + -es」

문제해설

1 쥐에게 있어서 개 소리를 내는 것은 외국어를 배우는 것과 같다는 데서 글의 유머를 찾을 수 있다.

2 ⑤ child의 복수형은 children이다.

Actual Reading

pp. 48-49

01 1. ③ 2. ③ 3. 해석의 별표(*)가 있는 문장 참고

해석 Mary와 Patrick은 다이어트 중이다. 하지만 그들은 체중을 줄일 수 없다. 여기에 그 이유가 있다.
Mary: *나는 매일 아침 집 근처 공원에서 조깅을 해요. 그런 후에 간이 식당에서 아침 식사를 해요. 나는 샐러드와 같은 저열량 식사를 주문하지만, 항상 후식으로 케이크 두 조각을 먹어요. 설상가상으로 자주 택시를 타고 집에 가요.
Patrick: 나는 일주일에 세 번 테니스를 쳐요. 그리고 녹차 한 잔으로 매일 아침을 시작해요. *하지만 나는 여전히 매일 점심 식사 때 도넛을 먹어요. *그리고 주말마다 피자를 주문해서 친구들과 먹어요.

구문해설

2행 **Here are** *the reasons why*.
▶ Here are + 복수명사: 여기에 …이 있다
▶ the reason why: (왜 …한지) 그 이유

3행 After **that**, I *have breakfast* at a snack bar.
▶ that: 앞 문장 전체
▶ have breakfast: 식사 앞 관사 X

5행 ..., but I always eat two **pieces of** cake for dessert.
▶ a piece of: 물질명사 cake 등을 세는 단위 표현

6행 **What's worse**, I often go back home by taxi.
▶ what's worse: 설상가상으로, 더 나쁜 것은

7행 I **play tennis** three days *a* week.
▶ play tennis: 운동경기명 앞 관사 X
▶ a: …마다 (= per)

7행 And I start every day with **a cup of** green tea.
▶ a cup of: 물질명사 tea 등을 세는 단위 표현

8행 However, I still have doughnuts every day **at lunch**.
▶ at lunch: 점심 식사 중에 (식사 앞 관사 X)

9행 And **on weekends**, I order some pizza and eat it with my friends.
▶ on weekends: 주말마다

문제해설

1 두 사람 모두 케이크와 도넛 같은 고열량 음식을 먹는다.

2 ③ 'by + 교통수단'인 경우 교통수단을 나타내는 명사 앞에 관사를 쓰지 않으므로 by taxi가 되어야 한다.

02 1. ② 2. (A) luck (B) wealth
3. 해석의 별표(*)가 있는 문장 참고

해석 결혼식에서 신부는 꽃다발을 던진다. *그리고 그곳에 있는 미혼 여성들 중 한 명이 그것을 잡는다. 이 재미있는 관습은 오래 전에 유럽에서 시작되었다. *유럽 사람들은 신부의 드레스가 행운을 가져온다고 생각했다. 결혼식이 끝났을 때, 미혼 여성들은 드레스 조각 몇 개를 가져가 그것들을 보관했다. *그러나 이후에 웨딩드레스들은 매우 비싸졌다. 그래서 사람들은 한 가지 방안을 내놓았다. 좋은 물건들을 던지면, 사람들은 드레스에 주의를 기울이지 않을 것이다! *그 당시에 꽃은 부의 상징이었다. 그래서 신부는 하객들에게 꽃다발을 던졌다. 그런 식으로 그녀는 드레스를 깨끗하고 안전하게 유지할 수 있었다.

구문해설

1행 And **one of the single *women*** there catches it.
▶ one of + 복수명사: … 중의 하나
▶ women: woman의 복수형

5행 Later, however, wedding dresses **became** very **expensive**.
▶ become + 형용사: …해지다

6행 So, people **came up with** an idea – *throw* something nice, *and* people won't pay attention to the dress!
▶ come up with: (해답 등을) 내놓다
▶ 명령문, and ~: …해라, 그러면 ~할 것이다

10행 That way, she could **keep her dress clean and safe**.
▶ keep + 목적어 + 형용사: …을 ~하게 하다[유지하다]

문제해설

1 본문은 결혼식에서 부케를 던지는 관습이 어떻게 시작되었는지를 설명하고 있다.

2 luck과 wealth와 같은 추상명사는 셀 수 없는 명사로 부정관사를 붙이지 않으며 단수형으로 쓴다.

Chapter 2 명사, 관사, 대명사의 이해

Unit 2 대명사

A 인칭대명사

pp. 50-51

Check-up

1. her 2. mine 3. his

1. Emma는 유명한 가수이다. 사람들은 그녀를 매우 좋아한다.
2. 이 초록색 지갑은 내 것이 아니다. 내 지갑은 검은색이다.
3. Mike는 나의 반 친구지만, 나는 그의 전화번호를 모른다.

어휘 lose[lu:z] 동 잃어버리다 (lose-lost) wallet[wálit] 명 지갑 classmate[klæsmeit] 명 급우, 반 친구

B 지시대명사

Check-up

1. These 2. this 3. Those

어휘 cousin[kʌ́zn] 명 사촌 umbrella[ʌmbrélə] 명 우산

C 비인칭 주어 it

Check-up

1. It is[It's] six o'clock.
2. It is[It's] Wednesday.
3. It is[It's] windy.

1. Q: 몇시니? – A: 6시야.
2. Q: 오늘은 무슨 요일이니? – A: 수요일이야.
3. Q: 오늘 날씨가 어떠니? – A: 바람이 불어.

어휘 sunny[sʌ́ni] 형 화창한 hot[hat] 형 더운 windy[wíndi] 형 바람이 부는 day[dei] 명 날; *요일

D 부정대명사

Check-up

1. any 2. one 3. any, some

1. 나는 비밀이 없어. 너는 좀 있니?
2. Mary는 책상이 필요하다. 그녀는 곧 하나를 살 것이다.
3. Jeremy는 돈이 조금도 없지만 나는 조금 있다.

어휘 lend[lend] 동 빌려주다 idea[aidíːə] 명 생각, 아이디어 secret[síːkrit] 명 비밀

Sentence Writing with Grammar

p. 52

1. Ann is my niece. / play with her
2. It is not[It's not / It isn't] his cell phone. / It is[It's] Kate's.
3. This is a fox / those are wolves
4. This boy is tall / that boy is short
5. It is[It's] winter. / It is[It's] snowy
6. I will borrow one
7. I will buy some.
8. I don't have any coins. / Do you have any?

어휘 niece[niːs] 명 조카딸 snowy[snóui] 형 눈이 오는 cucumber[kjúːkʌmbər] 명 오이 coin[kɔin] 명 동전

Basic Reading

p. 53

A 1. some, their 2. ④

해석 빈센트 반 고흐는 힘든 삶을 살았다. 그는 가난했고 정신병이 있었다. 다행히도 그의 남동생인 Theo가 그를 도와주었다. 그는 그에게 돈을 보냈고 애정을 보여주었다. 그들은 서로에게 약 700통의 편지를 썼다. Theo 덕분에 반 고흐는 많은 위대한 그림들을 남겼다. 이제 우리는 미술관에서 그의 그림들과 그들의 편지들 중 몇 개를 볼 수 있다.

구문해설

2행 He **sent him money** and *showed him love*.
▶ send A B: A에게 B를 보내다 (send-sent)
▶ show A B: A에게 B를 보여주다

4행 **Thanks to** Theo, van Gogh *left* many great paintings.
▶ thanks to: … 덕분에
▶ left: 동사 leave의 과거형

문제해설

1 긍정문이므로 '몇 개'를 의미하는 부정대명사 some을 쓰고, '그들의'를 의미하는 they의 소유격 their를 써야 한다.

2 빈센트 반 고흐가 그의 남동생과의 우애 덕분에 훌륭한 작품들을 남길 수 있었다는 내용의 글이다.

B 1. ③

해석 당신의 방을 둘러보세요. 오래된 장난감이 몇 개 있을지도 모릅니다. 당신은 아직도 그것들 중 몇몇을 가지고 노시나요? Happy Kids Organization에서는 당신의 오래된 장난감들을 깨끗하게 해서 가난한 아이들에게 그것들을 줍니다. 방글라데시의 Rupa를 만나보세요. 그녀는 인형을 원하지만 그것을 살 수 없습니다. 당신의 기부로 우리는 그녀를 미소 짓게 할 수 있습니다.

구문해설

1행 **There might be** *some* old toys.
▶ There might be: …이 있을지도 모른다
▶ 긍정문에서 주로 부정형용사 some을 사용

1행 Do you still play with **any** of *them*?
▶ 의문문에서 주로 부정대명사 any를 사용
▶ them: they의 목적격

3행 The Happy Kids Organization will clean your old toys and **give them to poor children**.
▶ give A to B: A를 B에게 주다

5행 **With** your donation, we can *put a smile on her face*.
▶ With: …으로
▶ put a smile on one's face: …을 흐뭇하게 하다, 미소 짓게 하다

문제해설

1 ③ 앞에서 언급된 your old toys를 받는 복수 목적격 대명사가 필요하므로 it이 아니라 them을 써야 한다.

Actual Reading

pp. 54-55

01 1. 보라색에 커다란 녹색 단추들이 달린 조끼 **2.** ⑤
3. 해석의 별표(*)가 있는 문장 참고

해석 나는 쇼핑을 매우 좋아하는데, 한 번은 큰 실수를 했다. *나는 내 친구들과 함께 상점에 있었고, 정말 못생긴 조끼를 보았다. 그것은 보라색이었고 커다란 녹색 단추들이 달려 있었다. 즉시 나는 소리쳤다. "*도대체 누가 이걸 입겠어?" 그러고 나서 나는 돌아섰고 여자 판매원을 보았다. 그녀는 같은 것을 입고 있었다! 그녀는 충격을 받은 것처럼 보였다. "오! *하지만 당신 것은 좋아 보이네요."라고 나는 말했다. 그 여자 판매원은 여전히 화가 나 보였다. *그래서 내 친구들과 나는 황급히 그 상점을 떠났다. 그 일은 너무 당황스러웠다! 나는 그 상점에 다시는 가지 않았다!

구문해설

3행 Immediately, I **yelled out**, "Who *in the world* would wear **this**?"
▶ yell out: 소리치다
▶ in the world: 도대체 (강조)
▶ this: a really ugly vest를 가리키는 지시대명사

5행 She **looked shocked**.
▶ look + 형용사: …해 보인다

6행 "**Yours** looks great, *though*."
▶ yours: you의 소유대명사
▶ though: 그렇지만, 하지만

문제해설

1 the same one(같은 것)은 앞에서 글쓴이가 보았던 보라색에 커다란 녹색 단추들이 달린 조끼를 말한다.

2 너무 못생겨서 아무도 입지 않을 것 같다고 글쓴이가 소리친 직후에 그 옷을 입은 사람이 곁에 있었다는 것을 알게 되어 당황스러웠을 것이다.
① 지루한 ② 우울한 ③ 놀라운 ④ 발랄한 ⑤ 당황스러운

02 1. ⑤ **2.** ⑤ **3.** 해석의 별표(*)가 있는 문장 참고

해석 *11월의 어느 날이었다. 한 젊은 군인이 말을 타고 있었다. 그의 이름은 마틴이었다. *날씨는 춥고 비가 왔지만 그는 그의 망토 때문에 따뜻한 상태를 유지할 수 있었다. 도중에 그는 길에서 가난한 남자를 보았다. 그는 충분한 옷이 없었고, 그는 젖어 있었다. *그래서 마틴은 그의 망토 일부를 잘라내어 그에게 주었다. 이후 그는 또 다른 가난한 남자를 만났다. 마틴은 그에게 그의 망토의 나머지를 주었다. 얼마 지나지 않아 마틴은 춥고 젖게 되었지만, 그는 그의 행동을 후회하지 않았다. *그의 마음은 다른 사람들을 위한 사랑으로 가득했다. 그러다가 놀라운 일이 일어났다. 비가 그쳤고 날씨는 여름처럼 따뜻하고 맑아졌다. 이제 11월에 따뜻한 날이 있을 때, 사람들은 이것은 "성(聖) 마틴의 여름이네."라고 말한다.

구문해설

1행 **It** was one day *in November*.

▶ It: 비인칭주어 (날짜)
▶ in+월

2행 **It** was cold and rainy, but he could *stay warm* **because of** his cloak.
▶ It: 비인칭주어 (날씨)
▶ stay+형용사: …한 상태를 유지하다
▶ because of+명사(구): … 때문에

4행 So, Martin cut off **some** of his cloak and *gave it to him*.
▶ some: 조금 (부정대명사)
▶ give A to B: A를 B에게 주다

5행 Later, he **met** *another* poor man.
▶ met: 동사 meet의 과거형
▶ another+단수명사(구): 또 다른 … (불특정한 하나)

6행 **Soon after**, Martin *became cold and wet*, …
▶ soon after: 곧, 얼마 지나지 않아
▶ become+형용사: …해지다

7행 His heart **was full of** love for *others*.
▶ be full of: …로 가득하다
▶ others: 다른 사람들

문제해설

1 11월 중 여름처럼 따뜻해지는 시기를 '성 마틴의 여름'이라고 부르게 된 유래에 대해 설명하는 글이다.
① 11월의 성 마틴 행사
② 성 마틴은 어떻게 사람들을 도왔는가
③ 왜 사람들이 성 마틴을 존경하는가
④ 11월 날씨의 변화들
⑤ '성 마틴의 여름'의 유래

2 주어진 문장은 날씨가 급변했음을 말하고 있으므로 갑자기 놀라운 일이 일어났다는 문장의 바로 뒤인 ⑤에 와야 적절하다.

Word Review

p. 56

1. 웃음 **2.** 약 **3.** …없이 **4.** 자유 **5.** 빌리다 **6.** 훔치다 **7.** 나타나다 **8.** 소리치다 **9.** 달아나다 **10.** 유용한 **11.** 결혼식 **12.** 신부 **13.** 던지다 **14.** 단 하나의; 독신인, 미혼의 **15.** 관습 **16.** 행운; 운 **17.** 상징 **18.** 부, 재산 **19.** 손님, 하객 **20.** 사촌 **21.** 빌려주다 **22.** 조카딸 **23.** 오이 **24.** 동전 **25.** 다행스럽게도 **26.** 그림 **27.** 기관 **28.** 기부, 기증 **29.** 조끼 **30.** 즉시 **31.** 충격을 받은 **32.** 그렇지만, 하지만 **33.** 우울한 **34.** 발랄한, 쾌활한 **35.** 난처한, 당황스러운 **36.** 군인 **37.** 젖은 **38.** 후회하다 **39.** 행동 **40.** 존경하다

Unit 1 형용사와 부사

A 형용사

pp. 58-59

ⓐ 형용사의 역할

Check-up

1. Ants, small **2.** beautiful face
3. anything special

어휘 company[kʌ́mpəni] 명 회사

ⓑ 수량 형용사 many, much, a lot of[lots of]

Check-up

1. much[a lot of] **2.** many[a lot of]
3. much[a lot of]

1. 그들은 많은 돈이 없다.
2. 그 배우는 그의 팬들로부터 많은 편지들을 받았다.
3. 나는 너에게 런던에 관한 많은 정보를 줄 수 없다.

어휘 actor[ǽktər] 명 배우 receive[risíːv] 동 받다 fan[fæn] 명 팬 information[ìnfərméiʃən] 명 정보

B 부사

ⓐ 부사의 역할

Check-up

1. happily **2.** fast **3.** late

1. 그 소녀는 행복하게 미소 짓고 있다.
2. Greg은 그의 차를 빠르게 운전한다.
3. 나는 어젯밤에 늦게 잠이 들었다.

어휘 actress[ǽktris] 명 여배우 luckily[lʌ́kili] 부 다행히도 careful[kɛ́ərfəl] 형 조심하는

ⓑ 빈도부사

Check-up

1. is always polite **2.** usually eats cereal
3. will never cheat

어휘 polite[pəláit] 형 예의 바른 cereal[síriəl] 명 시리얼 cheat[tʃiːt] 동 속이다; *(시험에서) 부정행위를 하다

Sentence Writing with Grammar

p. 60

1. Maria is a smart girl.
2. He wants something cold.
3. Ryan is kind and honest.
4. She has many[a lot of/lots of] friends / she doesn't have much[a lot of/lots of] money
5. Mrs. Brown speaks very slowly.
6. It will rain heavily

7. The doctor is highly intelligent.
8. I am always hungry

어휘 honest[ɑ́nist] 형 정직한 intelligent[intélədʒənt] 형 지능이 높은; *지적인

Basic Reading

p. 61

A 1. sometimes lose

해석 당신의 손가락 끝을 보아라. 그것들 위에는 특별한 무늬가 있다. 그것들은 지문이다. 모든 사람들의 지문은 완전히 독특하다. 쌍둥이들은 같은 DNA를 갖고 있다. 그러나 그들은 같은 지문을 갖고 있지 않다. 또한 지문은 절대로 없어질 수 없다. 농부와 같은 어떤 사람들은 그들의 손을 자주 사용해서, 그들은 때때로 그들의 지문을 잃어버린다. 하지만 그것은 다시 자란다.

구문해설

4행 **Some people**, *such as* farmers, frequently **use** their hands, ...
▶ 주어는 Some people, 동사는 use
▶ such as는 '…와 같은'의 의미로, 앞에 나오는 Some people의 예시를 드는 데 사용됨

문제해설

1 빈도부사는 일반동사의 앞에 위치하므로, sometimes lose가 되어야 한다.

B 1. ③ 2. (A) easily (B) famous

해석 바이칼 호수는 러시아의 시베리아에 있는 거대한 호수이다. 그것은 수심이 1킬로미터를 넘기 때문에 당신은 쉽게 바닥에 도달할 수 없다. 이 호수에는 많은 물이 있는데, 2만 3천 세제곱 킬로미터나 된다. 그것은 전 세계의 모든 사람들에게 40년 동안 충분한 양의 식수이다. 무엇보다도 바이칼 호수는 그것의 아름다움으로 유명하다. 그것의 별명은 '시베리아의 파란 눈'이다.

구문해설

3행 That's enough drinking water **for** everyone in the world **for** 40 years.
▶ 첫 번째 for는 '…에게'라는 의미이고, 두 번째 for는 '…동안'이라는 의미

4행 **Most of all**, Lake Baikal *is famous for* **its** beauty.
▶ most of all: 무엇보다도
▶ be famous for: …로 유명하다
▶ its: it의 소유격 (= Lake Baikal's)

문제해설

1 ③ 바이칼 호수가 얼마나 넓은지에 대해서는 언급되지 않았다.

2 (A) 문맥상 동사 reach를 수식하는 부사 easily가 오는 것이 적절하다.
(B) 주어(Lake Baikal)의 보어로 형용사 famous가 오는 것이 적절하다.

Actual Reading

pp. 62-63

01 1. ③ 2. ③ 3. 해석의 별표(*)가 있는 문장 참고

해석 *어느 날, 한 어린 소년이 침대를 정리하려고 애쓰고 있었지만 그는 그것을 매우 잘 할 수는 없었다. 마침내 그는 포기했다. *그는 슬펐고 "나는 열심히 노력했지만 내 침대는 전혀 깔끔하지 않아요!"라고 그의 어머니에게 말했다. *그의 어머니는 금방 그 이유를 알아냈다. 그는 아래에 있는 시트가 아니라 담요만을 신경썼던 것이다. 그 소년은 안쪽에 대해서는 잊어버렸고, 오직 바깥쪽만 고치려고 애썼다. 많은 사람들이 그들의 삶에서 이런 일을 한다. 그들은 멋진 옷과 화장으로 외모를 고친다. *하지만 그들의 영혼의 필요에 대해서는 자주 잊는다. 비록 그들이 그들의 외모를 크게 개선한다고 할지라도, 그것이 그들을 행복하게 만들지는 않는다.

구문해설

1행 One day, a little boy was **trying to** ***make*** *his bed*, but he couldn't do it very well.
▶ try to-v: …하려고 노력하다
▶ make one's bed: 침대를 정리하다

10행 **Even if** they greatly improve their appearance, it doesn't *make them happy*.
▶ even if: 비록 …일지라도
▶ make + 목적어 + 형용사: …이 ~하게 만들다

문제해설

1 침대를 정리할 때 속이 아닌 겉으로 보이는 곳에만 신경을 쓴 소년의 이야기를 통해서 외모가 아닌 내면에 더 관심을 가져야 함을 주장하고 있는 글이다.

2 (A) 문맥상 '열심히'라는 의미를 가진 부사 hard가 오는 것이 적절하다. hardly는 '거의 …않다'라는 의미이다.
(B) 명사구(clothes and makeup)를 수식하는 형용사 nice가 오는 것이 적절하다.
(C) 문맥상 동사 improve를 수식하는 부사 greatly가 오는 것이 적절하다.

02 1. ③ 2. ② 3. 해석의 별표(*)가 있는 문장 참고

해석 많은 사람이 우유를 마신 후에 배탈이 난다. 왜 이런 일이 발생하는 것인가? 자, 우유에는 유당이 들어있다. 유당은 설탕의 한 종류이지만, 많은 사람이 그것을 쉽게 소화할 수 없다. 당신이 이 사람 중 하나라면, 걱정하지 마라. *당신은 그래도 우유 제품을 즐길 수 있다. 첫째, 두유에는 유당이 들어있지 않다. 그것은 실제로 우유가 아니다. 그것은 콩에서 생산되며, 그것에는 원래 유당이 없다. 둘째, 유당이 없는 우유가 있다. 우유 회사가 이것을 생산한다. 그들은 소젖에서 유당을 제거한다. 하지만, 유당이 없는 우유는 일반 우유와는 맛이 조금 다르다. 마지막으로,

치즈는 보통 아주 적은 유당을 함유한다. *그래서 대부분의 사람이 아무 문제없이 치즈를 먹을 수 있다. 치즈는 모든 사람에게 칼슘과 비타민 D의 좋은 공급원이다.

구문해설

1행 Many people **get an upset stomach** after they drink milk.
▶ get an upset stomach: 배탈이 나다

3행 **If** you are one of *these people*, don't worry.
▶ if: 만약 …라면 (조건)
▶ these people: 유당을 쉽게 소화할 수 없는 사람들

7행 **They** *remove* the lactose *from* cow's milk.
▶ They: 앞의 Milk companies를 가리킴
▶ remove A from B: B에서 A를 제거하다

7행 But lactose-free milk **tastes** a little **different** from regular milk.
▶ taste + 형용사: …한 맛이 나다

문제해설

1 ③ 보통의 우유와 유당을 제거한 우유의 맛은 조금 다르다고 했다.

2 ② 문맥상 동사 digest를 수식하는 부사 easily가 되어야 한다.

Chapter 3 수식어구 및 비교표현

Unit 2 비교표현

A 원급

pp. 64-65

Check-up

1. as early as 2. as expensive as

어휘 ring[riŋ] 명 반지 necklace[néklǝs] 명 목걸이

B 비교급과 최상급

Check-up

1. the prettiest 2. more important than
3. taller than 4. worse than 5. the fastest

어휘 comfortable[kʌ́mfǝrtǝbl] 형 편안한 jewel[dʒúːǝl] 명 보석 subject[sʌ́bdʒikt] 명 과목 land[lænd] 명 육지

C 주의해야 할 비교표현

Check-up

1. much[a lot, far, even] colder than
2. one of the biggest cities
3. less interesting than

어휘 country[kʌntri] 명 나라 bright[brait] 형 밝은

Sentence Writing with Grammar

p. 66

1. eats as much as an adult
2. John is funnier than Peter.
3. The movie is more interesting than the novel.
4. is the hottest day
5. Karen is the most active student
6. This problem is much[a lot, far, even] more difficult than that one.
7. one of the most popular songs
8. Mike is less independent than his brother.

어휘 adult[ǝdʌ́lt] 명 성인 active[ǽktiv] 형 활동적인 popular[pɑ́pjǝlǝr] 형 인기 있는 among[ǝmʌŋ] 전 …중에, …사이에 teenager[tíːnèidʒǝr] 명 십 대 independent[ìndipéndǝnt] 형 독립적인

Basic Reading

p. 67

A 1. as often as before

해석 저는 어머니와 세 자매들과 함께 삽니다. 저는 집에서 유일한 남자입니다. 과거에는 저는 제 여자형제들과 자주 싸웠습니다. 하지만 제가 점점 나이가 들면서, 저는 전만큼 그들과 자주 싸우지는 않습니다. 우리가 사이좋게 지내는 것 같지만, 저에게는 그것이 여전히 쉽지는 않습니다.

구문해설

2행 However, **as** I *get older*, ...
▶ as: …할수록
▶ get + 비교급: 점점 …해지다

3행 **It seems that** we *get along*, but it is still not easy for me.
▶ It seems that + 주어 + 동사: …인 것 같다
▶ get along: 사이좋게 지내다

문제해설

1 '…만큼 ~한[하게]'라는 의미는 원급을 사용하여 「as + 원급 + as + 비교대상」으로 쓴다.

B 1. (1) T (2) F 2. (A) shorter (B) longest

해석 개들은 그들의 주인과 영원히 함께 살 수 없습니다. 그들의 수명은 우리들의 것보다 더 짧습니다. 대부분의 개들은 8살에서 12살 사이에 죽습니다. 어떤 개는 29살에 죽었는데, 그것은 역사상 개의 가장 긴 수명이었습니다. 그것은 인간에게는 긴 수명이 아닙니다.

구문해설

2행 Most dogs die **between** the ages of 8 **and** 12.
▶ between A and B: A와 B 사이에

2행 One dog died **at** 29, but that was the longest life of a dog *in history*.
▶ at: …살 때 (나이)
▶ in history: 역사상

문제해설

1 (2) 역사상 가장 오래 산 개의 수명은 29살이라고 했다.

2 (A) 개의 수명이 인간의 수명보다 짧다고 했으므로, short의 비교급인 shorter를 써야 한다.
(B) 보통 개들이 10살 내외에 죽는 반면, 어떤 개가 29살까지 살았다는 것은 역사상 가장 긴 수명일 것이므로, long의 최상급인 longest를 써야 한다.

Actual Reading

pp. 68-69

01 **1.** ③ **2.** ③ **3.** it was the hardest time

해석 안녕, Kelly.
잘 지내니? 너도 알다시피 나는 작년에 학교 야구팀에 가입했어. 내 생각에 그건 내 인생에서 가장 힘든 시간이었어. 나는 실력이 충분히 좋지 않아서 항상 벤치에 앉아있어야 했기 때문에 자주 좌절감을 느꼈어. 근데 있잖아, 놀라지 마! 코치님께서 말씀하시길 이번 시즌에는 내가 실제 경기에서 뛸 수 있을 거래! 나는 작년에 정말 열심히 연습을 했어. 그래서 나는 이번 시즌 전 동안 최고의 투수가 되었고 내가 가장 많은 홈런을 쳤어. 나는 이번 시즌이 정말 기대가 되고 내가 경기를 잘할 거라고 생각해. 네가 내 경기에 많이 와서 나를 응원해줄 수 있으면 좋겠어!
사랑을 담아,
Felix가

구문해설

3행 I often **felt frustrated** *because* I wasn't **good enough** and always *had to sit* on the bench.
▶ feel+형용사: …하게 느끼다
▶ because: 왜냐하면 (이유)
▶ 형용사+enough: 충분히 …한
▶ had to-v: …해야 했다 (have to의 과거형)

5행 My coach says I **will be able to** play in real games this season!
▶ will be able to: …할 수 있을 것이다 (미래+능력·가능)

6행 And I became the **best** pitcher and I hit the *most* homeruns during this preseason.
▶ best: good의 최상급 (good-better-best)
▶ most: many의 최상급 (many-more-most)

문제해설

1 이번 시즌 자신이 나오는 경기에 많이 와주길 바란다는 초대의 내용을 담은 글이다.

2 ③ Felix는 작년에는 실력이 좋지 않아서 벤치에만 앉아 있었다고 했다.

3 '가장 …한'이라는 의미는 「the+최상급」으로 쓴다.

02 **1.** ③ **2.** ② **3.** 해석의 별표(*)가 있는 문장 참고

해석 여기에 휴대전화의 흥미로운 역사와 관련된 질문 몇 개가 있다.
Q: 누가 최초의 휴대전화 통화를 했는가?
A: 1973년 Martin Cooper였다. 그는 휴대전화 기술자였다. 그의 회사가 최초로 휴대전화를 개발했다. Cooper는 그의 경쟁 회사에 처음으로 전화를 했다. *하지만 그들은 Cooper의 회사에서 그들보다 더 빠르게 기술을 개발했기 때문에 기쁘지 않았다. 그래서 그들은 아무 말도 하지 않았다.
Q: 우리가 언제 최초로 매장에서 휴대전화를 살 수 있었나?
A: 그것은 1983년이었다. *가장 오래된 모델은 설탕 한 봉지만큼 무게가 나갔다. 그것은 또한 가격이 수천 달러였다.
Q: 우리는 언제 최초로 휴대전화를 통해서 사진을 보낼 수 있었나?
A: 1997년에 Philippe Kahn이 그 기술을 개발했다. 그는 그의 어린 딸인 Sophie의 사진을 공유했다.

구문해설

2행 Who **made** *the first* cell phone **call**?
▶ make a call: 전화를 걸다
▶ the+서수: …번째

5행 ... Cooper's company developed the technology **faster than** they did.
▶ faster than: …보다 빠르게 (fast의 비교급 사용)

7행 When **were** we first **able to** buy cell phones in stores?
▶ be동사의 과거형+able to: …할 수 있었다 (= could)

8행 **The oldest** model weighed *as much as* a bag of sugar.
▶ The oldest: 가장 오래된 (old의 최상급 사용)
▶ as much as: …만큼 (많이) (much의 원급 사용)

문제해설

1 최초의 휴대전화 통화 시기와 그 내용, 최초의 상업용 휴대전화가 팔린 시기 등과 같이 흥미로운 휴대전화의 역사적 사실들에 대해 이야기하는 글이다.
① 몇 가지 장점들
② 최초의 종류들
③ 흥미로운 역사
④ 신구의 방식들
⑤ 세계의 몇몇 위대한 기술자들

2 ② Martin Cooper가 휴대전화를 이용해서 최초로 전화를 걸었을 때 수신은 되었으나, 상대방은 아무 말도 하지 않았다고 했다.

Unit 3 전치사

A 시간의 전치사 pp. 70-71

Check-up

1. in winter 2. for two hours 3. on July 7
4. before midnight

어휘 be born 태어나다 vacation[veikéiʃən] 명 방학 midnight[mídnait] 명 자정

B 장소의 전치사

Check-up

1. near this school 2. on the wall
3. under the desk

어휘 floor[flɔːr] 명 바닥 wall[wɔːl] 명 벽 hang[hæŋ] 동 걸다, 매달다 frame[freim] 명 액자

C 전치사구

Check-up

1. is across from Seoul Station
2. between men and women

어휘 difference[dífərəns] 명 차이

D 전치사가 쓰인 주요 표현

Check-up

1. to 2. for 3. of

어휘 opinion[əpínjən] 명 의견

Sentence Writing with Grammar p. 72

1. The library closes on Mondays.
2. It rained a lot during the soccer game.
3. We had a good time at the party.
4. I left my key in the taxi.
5. The bakery is next to the bookstore.
6. He sleeps from 10 p.m. to 6 a.m.
7. My parents didn't agree with my opinion.
8. His personality is different from my personality.

어휘 bakery[béikəri] 명 빵집, 제과점 personality[pə̀rsənǽləti] 명 성격

Basic Reading p. 73

A 1. (A) at (B) to

해석 George는 8시에 식당에서 그의 여자친구 Julia를 만날 예정이었다. 그는 정각에 왔지만 Julia는 한 시간 늦었다. George는 화가 났고, 그녀 옆에 앉지 않겠다고 결심했다. 하지만 Julia가 왔을 때, 그녀는 매우 미안해했고 사과했다. George는 기분이 나아졌다. 그들은 함께 행복하게 저녁 식사를 즐겼다.

구문해설

2행 He came **on time**, but Julia *was one hour late*.
▶ on time: 정각에
▶ be동사+시간+late: …시간 늦다

4행 George **felt *better***.
▶ feel+형용사: …하게 느끼다
▶ better: 더 좋은, 나은 (good의 비교급)

문제해설

1 (A) 시각 및 한 시점을 나타내는 전치사는 at이다.
(B) next는 to와 함께 사용되어 '… 옆에'라는 의미이다.

B 1. ② 2. they look after each other

해석 고릴라는 가족과 함께 살고, 그들은 서로를 돌본다. 나이가 많은 고릴라들은 등에 회색 털이 있다. 그들은 가족들을 대표해 모든 결정을 내린다. 고릴라들은 또한 감정을 갖고 있다. 그들은 운다. 그들은 미소를 짓는다. 때때로 그들은 머리 뒤로 손을 깍지끼고 양지에서 휴식을 취한다.

구문해설

4행 Sometimes, they **fold their hands** *behind* their heads and relax **in the sun**.
▶ fold one's hands: 손을 깍지끼다
▶ behind: …뒤에
▶ in the sun: 양지에서

문제해설

1 고릴라가 가족 구성원들과 함께 살고, 여러 감정을 가지고 있는 등 인간과 유사한 특징들을 가지고 있다는 내용을 다룬 글이다.

2 look after는 '…을 돌보다'라는 의미의 「동사+전치사」로 이루어진 동사구이다.

Actual Reading pp. 74-75

01 1. ⑤ 2. ① 3. 해석의 별표(*)가 있는 문장 참고

해석 당신은 한국 대중 음악의 팬인가요? 만약 그렇다면 여기에 당신을 위한 콘서트가 있습니다! *한국 최고의 가수 그룹들 몇 팀이 한국에 있는 관광객들을 위한 무료 콘서트를 열 것입니다. 이 콘서트는 12월 23일 월드컵 경기장에서 오후 5시부터

9시까지 열릴 것입니다. 입장권을 받으시려면 11월 30일까지 koreanidols@kmail.com으로 이메일 지원서를 보내주시기 바랍니다. 지원서에는 당신의 이름, 나이, 성별, 그리고 국적이 포함되어야 합니다. 선착순 1,000명의 지원자들만 입장권을 받을 것이므로 서두르세요! 또한 콘서트 동안 여러분의 자리에서 음식과 음료수를 드실 수 있습니다. *하지만 공연 후에 치우는 것을 잊지 마세요! 궁금한 점이 있으시면 저희에게 이메일을 서슴지 말고 보내주세요.

구문해설

1행 **If** you are, here is a concert for you!

▶ if: 만약 …라면 (조건)

▶ If you are 다음에 a fan of K-pop이 생략됨

3행 The concert will be on December 23 **at** World Cup Stadium *from* 5 p.m. *to* 9 p.m.

▶ at+좁은 장소

▶ from A to B: A에서 B까지

9행 But **don't *forget*** *to clean* up after the show!

▶ don't+동사원형: …하지 마라

▶ forget to-v: …할 것을 잊다

11행 ..., please **feel free to *send*** *us an email*.

▶ feel free to-v: 마음껏[거리낌 없이] …하라

▶ send A B: A에게 B를 보내다

문제해설

1 ⑤ 입장권 수령 방법은 언급되지 않았다.

2 ① 날짜 앞에는 전치사 on을 쓴다.

02 1. ⑤ 2. ⑤ 3. 해석의 별표(*)가 있는 문장 참고

해석 나와 가장 친한 친구인 Joan의 생일이 지난 금요일에 있었다. 나는 그녀를 위해 깜짝 파티를 열어주고 싶었다. 모두가 그 생각에 동의했다. *일주일 내내 우리는 준비로 매우 바빴다. Jake는 멋진 꽃을 샀다. Sarah는 맛있는 쿠키를 구웠다. *나는 Joan에게 티셔츠를 사주려고 했지만, 그녀의 치수를 확신하지 못했다. 그래서 나는 양말을 샀다. 마지막으로 우리는 교실을 풍선들로 장식했다. 모든 것이 파티를 위해 준비되었다. 그녀의 생일날 나는 Joan에게 눈을 감으라고 했다. 그리고 우리는 교실로 걸어갔다. 나는 "눈을 떠!"라고 말했다. 하지만 그녀는 전혀 놀라지 않았다! 누가 비밀을 누설한 걸까? 그것은 Jake였다! 그는 이것이 '깜짝' 파티인지 몰랐다고 했다.

구문해설

2행 All week, we **were** very **busy with** the preparations.

▶ be busy with: …으로 바쁘다

4행 I **tried to *buy*** *Joan a T-shirt*, but I **was** not **sure of** her size.

▶ try to-v: …하려고 노력하다

▶ buy A B: A에게 B를 사주다

▶ be sure of: …을 확신하다

5행 Finally, we **decorated** the classroom **with** balloons.

▶ decorate A with B: A를 B로 장식하다[꾸미다]

6행 **On** her birthday, I *told Joan to close* her eyes.

▶ on+특정한 날

▶ tell+목적어+to부정사: …에게 ~하라고 말하다

문제해설

1 Joan이 놀라지 않은 것은 Jake가 이미 생일 파티에 대해서 말했기 때문이었다는 것을 유추할 수 있으므로, 밑줄 친 말은 ⑤ '비밀을 누설하다'는 의미이다.

2 (A) agree with는 '…와[에] 동의하다'라는 의미이다.
(B) be ready for는 '…에 준비가 되다'라는 의미이다.

Word Review

p. 76

1. 다행히도 2. 조심하는 3. 속이다; (시험에서) 부정행위를 하다 4. 지능이 높은; 지적인 5. 지문 6. 완전히 7. 없어지다 8. 자주, 흔히 9. 도달하다 10. 바닥 11. 아름다움, 미 12. 별명 13. 포기하다 14. 정돈된, 단정한 15. …을 알아내다 16. 담요 17. …의 아래에 18. (겉)모습, 외모 19. 영혼 20. 개선하다, 향상시키다 21. 발생하다 22. 소화하다 23. 콩, 대두 24. 생산하다 25. 치우다; 제거하다 26. 규칙적인; 보통의 27. 원천, 근원 28. 편안한 29. 보석 30. 과목 31. 영원히 32. 좌절감을 느끼는 33. 응원하다 34. 성격 35. 사과하다 36. 결정 37. 감정 38. 포함하다 39. 준비 40. 꾸미다, 장식하다

Chapter 4 to부정사와 동명사

Unit 1 to부정사

A 명사적 용법

pp. 78-79

Check-up

1. 토스트를 만드는 것은 쉽다.
2. 우리는 새로운 차를 사기를 원한다.
3. 그녀는 누구를 믿어야 할지를 알았다.
4. Tom의 바람은 그의 가족을 다시 보는 것이다.
5. 그들은 어디로 소풍을 갈지 정했다.

어휘 plan[plæn] 명 계획 동 계획하다 French[frentʃ] 형 프랑스의 명 *프랑스어 promise[prámis] 동 약속하다 expect[ikspékt] 동 기대하다 exercise[éksərsàiz] 동 운동하다 regularly[régjulərli] 부 규칙적으로

B 형용사적 용법

Check-up

1. people to help 2. anything new to say

C 부사적 용법

Check-up

1. They grew up to be great artists. / 그들은 자라서 훌륭한 예술가들이 되었다.
2. We are sorry to hear the news. / 우리는 그 소식을 듣게 되어 유감스럽다.
3. I went to the market to buy some eggs. / 나는 계란을 좀 사기 위해 시장에 갔다.

어휘 turn on (전기·가스 등을) 켜다 grow up 사람이 성장[장성]하다 artist[ɑ́:rtist] 명 예술가 market[mɑ̀:rkit] 명 시장

Sentence Writing with Grammar p. 80

1. is important to keep a promise
2. Chris needs to lose weight.
3. My hope is to see
4. They are[They're] discussing when to travel
5. Paris is a good place to visit.
6. saving money (in order) to buy
7. We were shocked to see the accident.
8. She grew up to be a famous pianist.

어휘 keep a promise 약속을 지키다 discuss[diskʌ́s] 동 논의하다 accident[ǽksidənt] 명 사고 pianist[piǽnist] 명 피아니스트

Basic Reading p. 81

A 1. is fun to watch TV
2. 그녀는 문제를 바로잡기 위해 그것을 치기 시작했다.

해석 한 소년이 그의 할머니께 여쭤보았다. "할머니는 남자친구가 있으세요?" 할머니가 대답하셨다. "텔레비전이 내 남자친구란다. 텔레비전을 보는 것은 재미있단다." 갑자기 텔레비전이 작동하는 것을 멈췄다. 그녀는 문제를 바로잡기 위해 그것을 치기 시작했다. 그때 전화가 울렸다. 그 소년은 전화를 받고 "할머니는 지금 바쁘세요. 남자친구랑 싸우고 계시거든요."라고 말했다.

구문해설

2행 Suddenly the TV **stopped working**.
▶ stop v-ing: …하는 것을 멈추다

3행 She **started to hit** it to fix the problem.
▶ start to-v: …하는 것을 시작하다 (=start v-ing)

문제해설

1 to부정사가 '…하는 것은(이)'의 의미일 때는 명사적 용법 중 주어의 역할을 하는 것으로, 가주어 it을 주어 자리에 놓고 주어인 to부정사를 뒤에 배치할 수 있다.

2 start 뒤의 to hit은 to부정사의 명사적 용법 중 목적어의 역할을 하는 것으로, to fix는 부사적 용법 중 목적의 의미를 나타내는 것으로 해석한다.

B 1. ⑤

해석 어느 날 서울에서 한 남자가 나에게 경복궁에 어떻게 가는지를 물어보았다. 그의 이름은 Peter였고, 그는 영국 출신이었다. 나는 길을 알려주기 위해 그와 함께 걸었다. 우리는 즐거운 대화를 나누었고 편지 친구가 되기로 결정했다. 때때로 그는 내게 엽서를 보낸다. 나는 그를 곧 다시 만나기를 희망한다.

구문해설

1행 ..., a man **asked me how to** ***get to Gyeongbok palace***.
▶ ask A B: A에게 B를 묻다
▶ get to + 장소: …에 이르다[도달하다]

2행 I walked with him **to** ***show*** *him the way*.
▶ to show: to부정사의 부사적 용법 (목적)
▶ show A B: A에게 B를 보여주다

3행 ... and decided **to become** pen pals.
▶ to become: to부정사의 명사적 용법 (목적어)

4행 Sometimes he **sends me postcards**.
▶ send A B: A에게 B를 보내다

4행 I hope **to see** him again soon.
▶ to see: to부정사의 명사적 용법 (목적어)

문제해설

1 길을 알려주기 위해 그와 함께 걸었다는 내용으로 보아, 그 남자는 경복궁에 어떻게 가는지를 물었음을 알 수 있다.

Actual Reading pp. 82-83

01 1. ④ 2. ③, ④ 3. 해석의 별표(*)가 있는 문장 참고

해석 중국에는 매우 특이한 사회가 있다. 그 사회의 가족들은 아버지가 없다! *만약 그 사회를 보기를 원한다면, 당신은 나 민족을 방문해야 한다. *그들의 사회에서는 여자들이 가족 내의 모든 것을 통제하는 힘을 갖는다. 여자와 남자는 결혼을 하지 않고, 여자는 자신의 애인의 아이를 갖는다. 일단 여자가 임신을 하게 되면 그 여자는 남자로 하여금 떠나게 한다. *그 여자의 임무는 그녀의 자녀들을 돌보는 것이다. 자녀들은 어머니의 성(姓)을 따른다. 어떤 사람들은 아버지 없이 사는 것이 힘들지도 모른다고 생각한다. 하지만 그들은 그들의 사랑하는 가족들과 함께 행복해 보인다.

구문해설

2행 If you want **to see** the society, ...
▶ to see: to부정사의 명사적 용법 (목적어)

5행 **Once** she is pregnant, the woman *makes the man leave*.
▶ Once: 일단 …하면

▶ make+목적어+동사원형: …로 하여금 ~하게 하다

6행 The woman's job is **to take** care of her children.

▶ to take: to부정사의 명사적 용법 (보어)

7행 Some people think (**that**) *it* might be hard *to live without a father*.

▶ think의 목적어절을 이끄는 접속사 that 생략

▶ it은 가주어, to live 이하는 진주어

문제해설

1 ④ 남자가 아니라 여자가 육아를 담당한다고 했다.

2 밑줄 친 to부정사는 앞에 있는 명사(the power)를 수식하는 형용사적 용법으로 쓰였다. 이와 같은 용법으로 쓰인 to부정사는 ③과 ④이다. ①은 명사적 용법(목적어), ②는 부사적 용법(목적), ⑤는 명사적 용법(보어)으로 쓰였다.

① 나는 해외에서 공부하기로 결정했다.

② 그들은 나를 보기 위해서 여기에 왔다.

③ 나는 너에게 말할 것이 있다.

④ Amy는 읽을 책을 가져왔다.

⑤ 내 꿈은 마술사가 되는 것이다.

02 **1.** ④ **2.** decided to put **3.** 해석의 별표(*)가 있는 문장 참고

해석 최근에 기름 유출이 호주 남부의 작은 푸른 펭귄들을 위협했다. 작은 푸른 펭귄은 키가 41cm에 불과하며 가장 작은 유형의 펭귄이다. *다른 펭귄들처럼, 그것은 스스로를 따뜻하게 하는 기름진 깃털을 가지고 있다. 그러나, 유출로 인한 원유는 이 펭귄들의 깃털의 천연 기름을 파괴했고 펭귄들은 매우 추워졌다. *구조자들은 추위로부터 펭귄들을 보호할 방법을 찾아야 했다. 그래서 그들은 작은 스웨터 안에 그 펭귄들을 넣기로 결정했다. 이 스웨터는 펭귄들을 추위로부터 보호했다. 곧 그들의 깃털은 천연 기름을 다시 갖게 되었다. 그래서 펭귄들은 스스로를 따뜻하게 할 수 있었다. 구조자들은 그런 다음 스웨터를 벗기고 바다에 펭귄들을 안전하게 되돌려 보냈다.

구문해설

3행 **Like** other penguins, it has oily feathers *to **keep*** **itself warm**.

▶ like: …처럼 (전치사)

▶ to keep: to부정사의 형용사적 용법 (oily feathers 수식)

▶ keep+목적어+형용사: …을 ~하게 하다[유지하다]

5행 …, and the penguins **became** very **cold**.

▶ become+형용사: …해지다

5행 Rescuers **needed to find** a way *to protect* the penguins from the cold.

▶ need to-v: …할 필요가 있다 (to부정사의 명사적 용법 (목적어))

▶ to protect: to부정사의 형용사적 용법 (a way 수식)

7행 These sweaters **protected** the penguins **from** the cold.

▶ protect A from B: A를 B로부터 보호하다

8행 So the penguins **were able to** keep themselves warm.

▶ were able to: 할 수 있었다 (= could)

문제해설

1 구조자들이 스웨터를 이용해 추위로부터 작은 푸른 펭귄들을 보호했다는 내용의 글이다.

① 기름 유출 후에 바다를 정화하는 방법

② 세계에서 가장 작은 펭귄들

③ 위험에 빠진 동물 보호하기

④ 작은 푸른 펭귄들을 보호하는 훌륭한 방법

⑤ 추운 날씨에 맞서 싸우는 펭귄의 능력

2 '…하기로 결정했다'는 decided to-v의 형태로 쓸 수 있다.

Chapter 4 to부정사와 동명사

Unit 2 동명사

A 동명사의 역할

pp. 84-85

Check-up

1. Jim은 차 마시는 것을 좋아한다.
2. 운동하는 것은 너를 튼튼하게 만든다.
3. Ann의 직업은 초콜릿을 파는 것이다.
4. 나는 실수하는 것이 두렵다.

어휘 be afraid of …이 두렵다 make a mistake 실수하다

B 자주 쓰이는 동명사 표현

Check-up

1. I feel like taking
2. They were busy preparing
3. The museum is worth visiting

어휘 whole[houl] 형 전체의, 모든 take a shower 샤워를 하다 prepare[pripɛ́ər] 동 준비하다

C 동명사와 to부정사

Check-up

1. to study 2. smoking 3. eating
4. learning[to learn]

어휘 mind[maind] 동 언짢아하다, 상관하다 book[buk] 동 예약하다 vegetable[védʒitəbl] 명 채소 give up 포기하다, 그만두다 avoid[əvɔ́id] 동 피하다 deny[dinái] 동 부인하다 admit[ədmít] 동 인정하다 smoke[smouk] 동 담배를 피우다

Sentence Writing with Grammar p. 86

1. Wearing a suit is uncomfortable.
2. Sam enjoys making dinner
3. Her job is designing clothes.
4. My family went fishing
5. I could not help crying
6. They avoided answering my question.
7. We hope to visit Egypt
8. Cats hate being[to be]

어휘 suit[sjuːt] 명 정장 uncomfortable[ʌnkʌ́mfərtəbl] 형 불편한 someday[sʌ́mdèi] 부 언젠가, 훗날

Basic Reading p. 87

A 1. (A) Tossing (B) deciding

해석 축구 경기에서 어느 팀이 공을 가지고 시작해야 할까? 동전을 던지는 것은 결정하는 흔한 방법이다. 일들을 결정하는 이 간단한 방법은 고대 로마에서 시작되었다. 먼저 그들은 동전을 던졌다. 만약 그것이 황제의 얼굴을 보여준다면 그 황제가 당신에게 동의한 것을 의미하였고, 당신이 이긴 것이었다!

구문해설

2행 Tossing a coin is a common way **to decide**.
▶ to decide: to부정사의 형용사적 용법 (a common way 수식)

4행 ..., it **meant** (*that*) the emperor **agreed with** you, and you *won*!
▶ meant: 동사 mean의 과거형
▶ meant의 목적어절을 이끄는 that 생략
▶ agree with: …와[에] 동의하다
▶ won: 동사 win의 과거형

문제해설

1 (A) 문장의 주어 역할을 하므로 동명사 Tossing을 쓰는 것이 적절하다.
(B) 전치사 of의 목적어가 필요하므로 동명사 deciding을 쓰는 것이 적절하다.

B 1. are busy helping 2. ⑤

해석 공원 경비원들은 국립 공원에서 일한다. 많은 사람들이 공원을 방문해서 때때로 공원 경비원들은 그들을 돕느라 바쁘다. 공원 경비원들의 일은 사람들에게 자연에 대해 알려주는 것, 하이킹을 인솔하는 것, 그리고 야생동물로부터 사람들을 안전하게 지키는 것을 포함한다. 따라서 그들은 사람들과 일하는 것을 즐겨야 한다. 게다가 자연이 그들의 사무실이므로, 그들은 야외에서 일하는 것을 매우 좋아할 필요가 있다.

구문해설

2행 **Park rangers'** jobs include ... and *keeping* people safe **from** wildlife.
▶ -s로 끝나는 명사의 경우 '만 붙여서 소유격을 나타냄
▶ keep+목적어+형용사: …을 ~한 상태로 지키다
▶ from: …로부터

4행 **In addition,** nature is their office, so they *need to* ***love*** **working** outside.
▶ in addition: 게다가
▶ need to-v: …할 필요가 있다 (to부정사의 명사적 용법 (목적어))
▶ love v-ing: …하는 것을 매우 좋아하다 (= love to-v)

문제해설

1 '…하느라 바쁘다'는 의미의 표현은 be busy v-ing이다.
2 사람들에게 자연에 대해 알려주는 것, 하이킹을 인솔하는 것, 그리고 야생동물로부터 사람들을 지키는 것 모두 사람들을 상대하는 일이므로 공원 경비원들은 사람들과 일하는 것을 즐겨야 할 것이다.
① 유니폼을 입다
② 능숙한 운전자들이다
③ 많은 도구들을 가지고 있다
④ 동물들을 돌보는 것을 좋아하다
⑤ 사람들과 일하는 것을 즐기다

Actual Reading pp. 88-89

01 1. ④ 2. (A) sleeping (B) to stay
3. 해석의 별표(*)가 있는 문장 참고

해석 사람들은 잠에 대해서 서로 다른 생각들을 가지고 있다. *예를 들어, 1980년대 미국 대통령이었던 Ronald Reagan은 충분한 숙면을 취하는 것이 좋다고 믿었다. *게다가 그는 낮 시간 동안 낮잠을 자는 것을 즐겼다. 그의 일기장에 그는 심지어 "오후는 여전히 낮잠 시간이다 …."라고 썼다. 그와는 반대로 Adolf Hitler는 자는 데 그렇게 많은 시간을 쓰지 않았다. 그는 하루에 약 20시간을 일했다. 그는 이른 오전에 잤고 오전 11시에 일어났다. 그는 심지어 깨어 있기 위해서 약을 먹었다.

구문해설

3행 ..., **believed in** *getting* **a good night's sleep**.
▶ believe in: …을 좋다고 믿다
▶ getting: 전치사의 목적어로 쓰인 동명사
▶ get a good night's sleep: 충분한 숙면을 취하다

3행 In addition, he **enjoyed taking** naps in the daytime.
▶ enjoy v-ing: …하는 것을 즐기다

5행 **On the contrary**, Adolf Hitler didn't spend that much time sleeping.
▶ on the contrary: 그와는 반대로

문제해설

1 Ronald Reagan과 Adolf Hitler의 예를 들면서 사람들이 잠에 대해서 서로 다른 생각을 가지고 있음을 설명하

고 있는 글이다.
① 수면 장애는 한 사람의 인생에 영향을 줄 수 있다.
② 충분한 잠을 자는 것이 성공으로 이어진다.
③ 잠을 자는 자세가 성격을 보여준다.
④ 사람들은 잠에 대해서 서로 다른 생각들을 가지고 있다.
⑤ 너무 많이 자는 것은 건강에 좋지 않다.

2 (A) '…하는 데 시간을 쓰다'는 「spend+시간+v-ing」로 쓴다.
(B) 문맥상 목적의 의미를 갖는 부사적 용법의 to부정사 to stay를 쓰는 것이 적절하다.

02 1. ④ 2. (A) sitting (B) finding (C) riding[to ride]
3. 해석의 별표(*)가 있는 문장 참고

해석 교통 체증 속에서 앉아 있는 것에 싫증이 나셨습니까? 새로운 취미를 찾고 싶으십니까? *그러면 자전거를 타보십시오!
*자전거를 타는 것은 좋은 운동입니다. 그리고 그것은 당신의 이웃에게도 좋습니다. 자전거를 타면서, 당신은 이웃 사람들에게 웃으며 인사할 수 있습니다. 그것은 당신의 마을 사람들에게 친절할 수 있는 좋은 기회가 될 수 있습니다.
*자전거를 이용하는 것은 또한 환경에 좋습니다. 자동차와 달리 자전거는 휘발유가 필요하지 않습니다. 또한, 차 한 대를 만드는 것은 많은 에너지를 필요로 합니다. (당신은 에너지를 만들기 위해서 당신의 자전거를 이용할 수 있습니다.) 동일한 양의 에너지를 가지고 우리는 백 대의 자전거를 만들 수 있습니다!
*보시다시피 자전거를 타는 것은 많은 이점이 있습니다. 그러니 오늘 자전거를 타는 것을 시작해보는 게 어떠십니까?

구문해설
1행 **Are** you **tired of** sitting in heavy traffic?
▶ be tired of: …에 싫증이 나다
2행 Then **try riding** a bike!
▶ try v-ing: (시험 삼아) …해 보다 (*cf.* try to-v: …하려고 애쓰다)
3행 **Riding** a bike is great exercise.
▶ Riding: 주어 역할을 하는 동명사
4행 **As** you ride your bike, you can smile and *say hello to* your neighbors.
▶ As: …하면서 (동시동작)
▶ say hello to: …에게 인사하다
8행 You can use your bike **to make** energy.
▶ to make: to부정사의 부사적 용법 (목적)
10행 So, **why don't you start** riding *one* today?
▶ why don't you+동사원형: …하는 것이 어때? (권유)
▶ one = a bike

문제해설
1 에너지를 만들기 위해서 자전거를 이용해야 한다는 말은 자동차에 비해 자전거를 만드는 데는 적은 양의 에너지가 필요하다고 설명하는 글의 흐름과 어울리지 않는다.
2 (A) 전치사 of의 목적어로서 동명사를 써야 한다.
(B) '…하고 싶다'는 feel like v-ing로 나타낸다.
(C) start는 동명사와 to부정사 둘 다 목적어로 취할 수 있는 동사이다.

Word Review

p. 90

1. 프랑스의; 프랑스어 **2.** 기대하다 **3.** 규칙적으로 **4.** 약속을 지키다 **5.** 논의하다 **6.** 사고 **7.** 수리하다, 바로잡다 **8.** 사회 **9.** 지배하다, 통제하다 **10.** 임신한 **11.** 마술사 **12.** 유출 **13.** 위협하다 **14.** 깃털 **15.** 파괴하다 **16.** 자연[천연]의 **17.** 보호하다 **18.** …이 들어있다[함유되어 있다] **19.** 언짢아하다, 상관하다 **20.** 피하다 **21.** 부인하다 **22.** 인정하다 **23.** 던지다 **24.** 흔한 **25.** 고대의 **26.** 황제 **27.** …라는 뜻이다 **28.** 안내하다; 인솔하다 **29.** 야생동물 **30.** 게다가 **31.** 연장, 도구 **32.** 대통령 **33.** 그와는 반대로 **34.** 깨어 있는 **35.** 영향을 미치다 **36.** 자세 **37.** 생각 **38.** 이웃 **39.** 필요로 하다 **40.** 총액; 양

Chapter 5 문장의 형식 및 종류

Unit 1 문장의 형식

A 감각동사가 있는 문장

pp. 92-93

Check-up

1. sour/레몬들은 신맛이 난다.
2. good/그 꽃들은 좋은 냄새가 난다.
3. soft/그 스웨터는 부드럽게 느껴진다.
4. interesting/그의 생각은 흥미롭게 들린다.
5. dangerous/저 거미들은 위험해 보인다.

어휘 voice[vɔis] 명 목소리 perfume[pə́ːrfjuːm] 명 향수 bitter[bítər] 형 (맛이) 쓴 sour[sauər] 형 신, 시큼한 soft[sɔːft] 형 부드러운 spider[spáidər] 명 거미 dangerous[déindʒərəs] 형 위험한

B 목적어가 두 개 있는 문장

Check-up

1. for my sister 2. to her cat 3. to us
4. of the president

1. 나는 내 여동생에게 인형을 사줄 것이다.
2. Sarah는 그녀의 고양이에게 우유를 조금 준다.
3. John은 우리에게 매달 편지를 쓴다.
4. 그는 대통령에게 많은 질문을 했다.

어휘 favor[féivər] 명 호의, 친절; *청, 부탁

C 목적어와 목적격보어가 있는 문장

Check-up

1. asked him to wait
2. call him a bookworm
3. found this book interesting

어휘 name[neim] ⓢ 이름을 지어주다 find[faind] ⓢ 발견하다; (연구·경험 등으로) 알다; …라고 생각하다 allow[əláu] ⓢ 허락하다 bookworm[búkwə̀ːrm] ⓜ 책벌레

Sentence Writing with Grammar p. 94

1. The dish looks delicious.
2. Richard sent me flowers. [Richard sent flowers to me.]
3. I made Helen gloves. [I made gloves for Helen.]
4. Can I ask you a favor? [Can I ask a favor of you?]
5. The waiter brought some food to us.
6. The movie made him a famous actor.
7. Your smile makes me happy.
8. Mom told me to clean my room.

Basic Reading p. 95

A **1.** (1) T (2) T (3) F
2. They show their many talents to us.

해석 때때로 당신은 길에서 몇몇 공연하는 사람들을 본다. 사람들은 그들을 'busker'라고 부른다. 그들은 우리에게 그들의 많은 재능들을 보여준다. 그들은 기타를 연주하고, 노래를 부르고, 춤을 추거나 마술쇼를 한다. 많은 busker들은 그것이 그들의 직업이기 때문에 그들의 일에 대한 돈을 받기를 원한다. 보통 그들 옆에는 상자들이 있다. 만약 당신이 그들의 공연이 마음에 든다면, 그 상자 안에 돈을 조금 넣어라.

구문해설

1행 People **call them "buskers."**
▶ call + 목적어 + 목적격보어(명사): …을 ~라고 부르다 (5형식)

2행 They **show us their many talents**.
▶ show + 간접목적어 + 직접목적어: …에게 ~을 보여주다 (4형식)

4행 There are usually boxes **next to** them.
▶ next to: … 옆에

문제해설

1 (3) 많은 busker들은 길거리에서 공연을 하는 것이 그들의 직업이므로 공연에 대한 돈을 받고 싶어한다고 했다.

2 show를 사용한 4형식 문장은 전치사 to를 사용해서 3형식 문장으로 바꾸어 쓸 수 있다.

B **1.** (A) tired (B) to buy

해석 어느 여름날, Bill은 그의 친구 Kate를 보았다. 그녀는 그녀의 강아지를 산책시키고 있었다. 그 강아지는 더운 날씨 때문에 지쳐 보였다. 그래서 Bill은 강아지에게 물을 주었다. 그 강아지는 기분이 좋아서 꼬리를 흔들었다. 그것은 매우 귀여웠다. 그날부터 Bill은 아버지가 그에게 강아지를 사주시기를 원했다. 그의 생일에, 그는 마침내 강아지 한 마리를 갖게 되었다.

구문해설

2행 So Bill **gave the puppy some water**.
▶ give + 간접목적어 + 직접목적어: …에게 ~을 주다 (4형식)

4행 From that day, Bill wanted his dad to **buy him a puppy**.
▶ buy + 간접목적어 + 직접목적어: …에게 ~을 사주다 (4형식)

5행 On his birthday, he finally got **one**.
▶ one = a puppy

문제해설

1 (A) 감각동사 look은 주격보어로 형용사를 취한다.
(B) want는 목적격보어로 to부정사를 취한다.

Actual Reading pp. 96-97

01 **1.** ⑤ **2.** he felt very angry
3. 해석의 별표(*)가 있는 문장 참고

해석 옛날에 눈이 하나뿐인 왕이 있었다. *어느 날 그는 세 명의 화가들에게 그를 그리라고 요청했다. 첫 번째 화가는 왕을 그의 모습 그대로 그렸다. 왕이 그 그림을 보았을 때, 그는 매우 화나게 느꼈다. 그는 그 화가가 그를 놀린다고 생각했다. *그래서 왕은 그에게 떠나라고 말했다. 두 번째 화가는 두 눈을 가진 왕을 그렸다. 하지만 왕은 여전히 기쁘지 않았다. 그는 그 화가가 거짓말쟁이라고 생각했다. 그는 두 번째 화가 역시 쫓아 보냈다. *하지만 세 번째 화가는 그 왕을 매우 기쁘게 했다. 그는 왕의 얼굴의 옆모습을 그렸다. 그것은 왕의 멋진 눈 하나를 보여 주었다.

구문해설

1행 One day he **asked three artists to draw** him.
▶ ask + 목적어 + 목적격보어(to부정사): …에게 ~하도록 요청하다 (5형식)

2행 The first artist drew the king **as he was**.
▶ as he was: 그의 모습 그대로

4행 So, the king **told him to leave**.
▶ tell + 목적어 + 목적격보어(to부정사): …에게 ~하라고 말하다 (5형식)

6행 The third artist, **however**, *made the king very happy*.
▶ however: 그러나

▶ make+목적어+목적격보어(형용사): …이 ~하게 만들다 (5형식)

문제해설

1 왕의 얼굴의 측면을 그린 그림이 왕의 한 쪽 눈만 보여주는 것이므로, 주어진 문장은 ⑤에 들어가야 한다.

2 감각동사 feel과 주격보어(형용사)를 써서 '…하게 느끼다[느껴지다]'는 의미를 나타낼 수 있다.

02 1. ⑤ 2. ⑤ 3. ④

해석 Tippi Degre는 아프리카의 야생에서 자랐다. 그녀는 실제로 Namibia에서 태어났고 그곳에서 그녀의 첫 10년을 보냈다. 프랑스인이었던 그녀의 부모는 야생동물 사진작가였다. 그들은 신기한 아프리카 동물들의 사진을 찍었다. 부모님과 함께 Tippi는 Namibia 곳곳을 여행했다. 그녀는 야생 동물들을 두려워하지 않았다. 그녀는 종종 타조, 표범, 코끼리와 놀았다. 그녀의 가장 친한 친구는 코끼리 'Abu'였다. 그녀는 또한 부시맨들과도 친해졌다. 그들은 그녀에게 그들의 언어를 가르쳐 주었다. Tippi는 아프리카에 사는 것을 매우 좋아했다. 하지만 이 모든 것은 그녀의 가족이 파리로 다시 이사하게 되면서 끝이 났다. Tippi는 떠나야 했지만, 그곳에서 보낸 시간을 항상 기억했다. 나중에 그녀는 아프리카에서 보낸 그녀의 삶에 대한 책인 「Tippi, My Book of Africa」를 썼다.

구문해설

6행 She also **made friends with** Bushmen.
▶ make friends with: …와 친해지다, …와 친구가 되다

7행 Tippi **loved** living in Africa.
▶ love v-ing: …하는 것을 매우 좋아하다 (= love to-v)

문제해설

1 동물들을 두려워하지 않고, 부시맨들과도 친해진 것으로 보아 Tippi는 모험심이 강했음을 알 수 있다.

2 ⑤ 마지막 문장에서 Tippi는 아프리카 사진책이 아닌 아프리카에서의 삶에 대한 책을 썼다고 했다.

3 ④ teach는 3형식으로 쓸 때 간접목적어 앞에 전치사 to를 쓴다.

Chapter 5 문장의 형식 및 종류

Unit 2 문장의 종류 1

A who, what, which

pp. 98-99

Check-up

1. What is this 2. Who will Jenny meet
3. Which do you prefer

1. Q: 이것은 무엇이니?
A: 그것은 햄스터야.
2. Q: Jenny는 내일 누구를 만날 거니?
A: 그녀는 Monica를 만날 거야.
3. Q: 너는 피자와 파스타 중에 어느 것을 더 좋아하니?
A: 나는 피자를 더 좋아해.

어휘 prefer[prifə́:r] ⑤ 더 좋아하다, 선호하다

B when, where, why

Check-up

1. Where will 2. When did 3. Why is

1. Q: 너는 어디에서 머물 거니?
A: 나는 호텔에서 머물 거야.
2. Q: Sue는 언제 떠났니?
A: 그녀는 지난 금요일에 떠났어.
3. Q: 그는 지금 왜 그렇게 행복하니?
A: 왜냐하면 그가 방금 선물을 받았기 때문이야.

어휘 vacation[veikéiʃən] 명 휴가 take a rest 휴식을 취하다

C how

Check-up

1. How tall is 2. How did you go
3. How much/did they save
4. How far is it

어휘 go for a walk 산책하러 가다 away[əwéi] 부 (시간적·공간적으로) 떨어져

Sentence Writing with Grammar p. 100

1. Who is the man
2. What will you do
3. Which is more convenient
4. When do you have lunch?
5. Where did Fred study
6. Why is he upset?
7. How should I prepare
8. How long did she stay

어휘 convenient[kənví:njənt] 형 편리한 upset[ʌpsét] 형 속상한

Basic Reading p. 101

A 1. Why 2. ②, ④

해석 수상 택시는 태국의 방콕을 돌아다니기에 좋은 방법입니다. 그것이 왜 좋을까요? 방콕에서는 도로 교통량이 많습니다. 그러므로 수상 택시를 이용함으로써 많은 시간을 절약할 수 있

습니다. 또한 강 주변에 있는 많은 흥미로운 장소들에 도달할 수 있습니다. 만약 당신이 방콕을 방문한다면, 수상 택시를 타세요!

구문해설

1행 River taxis are a good way **to get around** in Bangkok, Thailand.
▶ to get around: to부정사의 형용사적 용법 (a good way 수식)

2행 So, you can save a lot of time **by** *using* river taxis.
▶ by: …로 (방법·수단)
▶ using: 전치사의 목적어로 쓰인 동명사

문제해설

1 빈칸이 있는 문장 뒤부터 수상 택시가 좋은 이유에 대해 설명하고 있으므로, 빈칸에는 why가 들어가야 한다.

2 수상 택시를 타면 교통 체증을 피할 수 있고, 강 주변의 흥미로운 장소에 가볼 수 있다고 했다.

B **1.** (A) Who (B) Why (C) How

해석

Ron: 사진에 있는 이 사람들은 누구니?
Sue: 그들은 몽골의 유목민들이야. 그들은 이곳저곳을 옮겨 다녀.
Ron: 그들은 왜 이동을 하니?
Sue: 그들은 양과 소를 길러. 그들은 물과 풀을 찾기 위해서 돌아다니는 거지.
Ron: 흥미롭네! 너는 유목민에 대해서 어떻게 그렇게 많이 아니?
Sue: 나는 예전에 그들에 대한 보고서를 썼어.

구문해설

2행 They move **from place to place**.
▶ from place to place: 이곳저곳

4행 They move around **to find** water and grass.
▶ to find: to부정사의 부사적 용법 (목적)

문제해설

1 (A) 사람에 대해서 묻고 대답하고 있으므로 의문사 who를 써야 한다.
(B) 양과 소를 기르기 위해 유목민들이 이동을 하는 것이므로 이유를 나타내는 의문사인 why를 써야 한다.
(C) 유목민에 대한 보고서를 쓴 적이 있어서 잘 알고 있다고 대답하고 있으므로 방법을 나타내는 의문사인 how를 써야 한다.

Actual Reading

pp. 102-103

01 **1.** ④ **2.** ④, ⑤
3. where does he spend his money

해석 억만장자들의 삶은 어떨까? 그들은 큰 집에서 살고 호화로운 차를 산다. 그것이 부자들 사이에서 전형적이다.
하지만 Charles F. Feeney는 다르다. 그는 세계에서 가장 부유한 사람들 중 하나이다. 비록 그는 샌드위치를 파는 일부터 시작했지만, 이제 그는 전 세계에 2,000개가 넘는 면세점을 소유하고 있다. 그는 엄청난 액수의 돈을 가졌지만, 그의 삶은 소박하다. 그는 비싸지 않은 옷을 입고 15달러짜리 시계를 차고 다닌다.
그렇다면, 그는 어디에 돈을 쓰는 걸까? 그는 가난한 사람들을 돕기 위해 그것을 사용한다. 그는 "나는 한 가지 생각이 있고 그것은 나의 마음 속에서 절대로 변하지 않았습니다. 그것은 사람들을 돕는 데 재산을 사용하자는 것입니다. 나는 이전에 가난했고, 나는 그 당시 내가 그랬던 것처럼 평범한 삶을 살려고 노력합니다."라고 말했다.

구문해설

3행 He is **one of the richest people** in the world.
▶ one of the+최상급+복수명사: 가장 …한 것들 중의 하나

8행 He uses **it** *to help* poor people.
▶ it = his money
▶ to help: to부정사의 부사적 용법 (목적)

10행 ..., and I **try to live** a normal life *as* I **did** then."
▶ try to-v: …하려고 노력하다
▶ as: …듯이
▶ did = lived a normal life

문제해설

1 남을 위해 자신의 재산을 사용하는 억만장자 Charles F. Feeney의 모범적인 삶에 관한 이야기이다.
① 억만장자가 되는 법
② 억만장자들의 전형적인 취미
③ 억만장자들의 특별한 생활 방식
④ 한 억만장자의 모범적인 삶
⑤ 억만장자들의 가장 선호하는 쇼핑 장소

2 ④ 그는 저렴한 옷을 입는다고 했다.
⑤ 그는 예전에 가난했다고 했다.

3 의문사가 있는 의문문 중 일반동사가 쓰인 경우 「의문사+do/does/did+주어+동사원형 …?」의 어순으로 쓴다.

02 **1.** ③ **2.** How much time do I have?
3. 해석의 별표(*)가 있는 문장 참고

해석 당신은 저녁 식사를 요리하고 있다. 전화기가 울리고 당신은 그것을 받는다. 그러자 당신의 고양이가 조리대 위로 뛰어오른다. 고양이가 뜨거운 가스레인지 쪽으로 걸어가고 있다! 당신은 그것을 멈춰야 한다. 당신은 시간이 많지 않지만 당신의 뇌는 빠르게 움직인다. 질문들이 머릿속을 빠르게 지나간다. 내가 얼마나 많은 시간을 가지고 있지? *내가 어떻게 저 고양이를 멈추게 할 수 있을까? *내가 얼마나 멀리 떨어져 있지? *내가 무엇을 먼저 해야 할까? 가스레인지를 꺼야 할까, 아니면 고양이를 붙잡아야 할까?

몇 초 만에 당신은 무엇을 할지 결정한다. 당신은 고양이가 다치기 전에 빠르게 움직여서 고양이를 잡는다. 당신의 뇌는 정보를 매우 빠르게 처리해서 당신이 어떻게 반응해야 할지를 말해주기 때문에 당신은 이것을 할 수 있다. 어떤 컴퓨터도 당신의 뇌만큼 빠르게 일할 수 없다!

구문해설

4행 ***How** can I stop the cat?*
▶ How: 어떻게
▶「의문사+조동사+주어+동사원형 …?」의 어순

7행 **In** seconds, you decide *what to do*.
▶ in+시간: … 후에, … 만에 (시간의 경과)
▶ what to-v: 무엇을 …할지

9행 ... and **tells you *how to react***.
▶ tell A B: A에게 B를 말하다
▶ how to-v: 어떻게 … 할지

9행 **No** computer can work *as quickly as* your brain!
▶ no: 어떤 …도 없는[아닌]
▶ as+형용사/부사 원급+as+비교대상: …만큼 ~한[하게]

문제해설

1 인간의 뇌에는 정보를 매우 빠르게 처리할 수 있는 놀라운 능력이 있음을 알려주는 글이다.

2 시간(time)은 셀 수 없는 명사이므로 '얼마나 많은'의 의미를 나타내기 위해 How much를 사용한다. 의문사가 있는 의문문 중 일반동사가 쓰인 경우 「의문사+do/does/did+주어+동사원형…?」의 어순으로 쓴다.

Chapter 5 문장의 형식 및 종류

Unit 3 문장의 종류 2

A 부가·선택·부정 의문문 pp. 104-105

1. 부가 의문문
너는 스파게티를 좋아해, 그렇지 않니?
그는 날 생선은 먹지 않아, 그렇지?
Susan은 예뻐, 그렇지 않니?
그들은 미국인이야, 그렇지 않니?
그는 춤을 매우 잘 추지는 못해, 그렇지?
너는 개를 좋아해, 그렇지 않니?
그들은 일 년 전에 여기로 왔어, 그렇지 않니?

3. 부정 의문문
그녀는 아름답지 않니?
너는 조용히 할 수 없니?
너는 나에게 동의하지 않니?

Check-up

1. Aren't they busy
2. You cleaned your room, didn't you
3. Which does he like better, chicken or fish

어휘 handsome[hǽnsəm] ⓗ 잘생긴 raw[rɔː] ⓗ 날것의

B 명령문

Check-up

1. Don't leave/stay
2. Hurry up, and you can catch

어휘 straight[streit] ⓟ 똑바로 alone[əlóun] ⓟ 혼자

C 감탄문

Check-up

1. How kind (you are)!
2. What a pretty rose (it is)!

1. 너는 매우 친절하다. → (너는) 참 친절하구나!
2. 그것은 매우 예쁜 장미다. → (그것은) 참 예쁜 장미구나!

Sentence Writing with Grammar p. 106

1. Tom doesn't like seafood, does he?
2. Will you go to China by plane or by ship?
3. Isn't Mr. White your English teacher?
4. Change your password
5. Don't eat your food
6. Put on your jacket, or you will catch a cold.
7. What a great idea it is!
8. How tall these buildings are!

어휘 seafood[síːfùːd] ⓜ 해산물 password[pǽswəːrd] ⓜ 비밀번호 put on …을 입다

Basic Reading p. 107

A 1. ⑤ 2. weren't they

해석 Seymour씨께,
지난 여름 당신의 친절에 감사드립니다. 저는 좋은 시간을 보냈습니다. 당신은 저에게 시드니 이곳저곳을 안내해 주었습니다. 당신은 저에게 오페라 하우스를 보여 주었습니다. 그러고 나서 우리는 Taronga 동물원에서 캥거루들을 보았습니다. 그것들은 놀라웠습니다, 그렇지 않았나요? 언젠가 저는 호주를 다시 방문하고 싶습니다. 당신이 그립습니다. 당신의 가족들에게 안부를 전해주세요.

Emily 올림

구문해설

2행 **Thank you for** your kindness last summer.
▶ Thank you for: …에 감사하다

3행 You **showed me the Opera House**.
▶ show + 간접목적어 + 직접목적어: …에게 ~을 보여주다 (4형식)

5행 Someday I**'d like to visit** Australia again.
▶ would['d] like to-v: …하고 싶다

문제해설

1 호주에서 관광하는 것을 도와준 사람에게 감사를 전하는 글이다.

2 부가 의문문은 앞 평서문이 긍정인 경우 부정으로 쓰며, be동사는 그대로 사용한다.

B 1. What a beautiful painting

해석

Tony: 참 아름다운 그림이구나!
Kelly: 오, 이것은 보티첼리의 「비너스의 탄생」이야.
Tony: 그러면 저 그림은 뭐니?
Kelly: 그것은 「비너스와 마르스」이고, 역시 보티첼리의 것이야.
Tony: 이 그림과 저 그림 중 어떤 것이 더 비싸 보이니?
Kelly: 잘 모르겠어. 두 개 모두 위대한 예술 작품들이잖아.
Tony: 나도 동의해. 그것들에 값을 매기는 것은 어려워.

구문해설

5행 **Which one** *seems* ***more expensive***, this one or that one?
▶ 의문형용사 which + 부정대명사 one (one = painting)
▶ seem + 형용사: …하게 보이다
▶ more expensive: expensive의 비교급

7행 **It**'s hard **to *put*** *prices on* them.
▶ It은 가주어, to put 이하는 진주어
▶ put a price on: …에 값을 매기다

문제해설

1 What으로 시작하는 감탄문의 어순은 「What + a(n) + 형용사 + 명사(+ 주어 + 동사)!」이다.

Actual Reading

pp. 108-109

01 1. 2050년쯤에는 바다에 물고기보다 플라스틱이 많아지는 것 2. and you can save
3. 해석의 별표(*)가 있는 문장 참고

해석 미국인들은 매일 5억 개가 넘는 플라스틱 빨대를 사용한다. 이 빨대들의 대부분은 결국 바다에 버려진다. 빨대가 단지 우리의 바다를 오염시키는 것만은 아니다. 그것은 또한 바다 동물들을 죽일 수 있다. 구조자들은 거북이의 코와 바닷새의 뱃속에서 빨대를 발견했다. 2050년쯤에는 바다에 물고기보다 플라스틱이 더 많을 수 있다. 이것을 막기 위해 당신은 무엇을 할 수 있는가? 빨대에 아니라고 말하라! *플라스틱 빨대를 사용하는 것을 멈춰라. 이것을 혼자서만 하지 마라. *당신의 친구들에게 말하라. 오늘 시작하라, 그러면 당신은 많은 바다 동물들을 구할 수 있다.

구문해설

1행 Americans use **more than** 500 million plastic straws each day.
▶ more than: …보다 많이

4행 **By** 2050, there could be *more* plastic in the water than fish.
▶ by: …까지는[쯤에는] (전치사)
▶ more: 형용사 much의 비교급

5행 What can you do **to prevent** this?
▶ to prevent: to부정사의 부사적 용법 (목적)

6행 ***Stop*** *using* plastic straws.
▶ Stop: 동사원형을 사용한 명령문
▶ stop v-ing: …하는 것을 멈추다

6행 **Don't** just **do** it alone.
▶ don't + 동사원형: …하지 마라 (부정 명령문)

문제해설

1 this는 지시대명사로 보통 앞에 나온 명사(구)나 문장을 가리킨다. 여기서는 바로 앞에 나온 문장을 가리킨다.

2 '…해라, 그러면 ~할 것이다'의 의미는 「명령문, and ~」로 나타낼 수 있다.

02 1. ⑤ 2. Aren't they afraid of
3. 해석의 별표(*)가 있는 문장 참고

해석

Don: 너는 몇몇 사람들이 밤에 묘지를 방문하는 것을 알았니?
Ann: 아니. 누가 그걸 하니?
Don: 많은 멕시코인들이 그렇게 해. *그들은 용감해, 그렇지 않니? 그들은 심지어 음악을 연주하고, 춤을 추고, 그곳에 있는 죽은 사람들에게 말을 해.
Ann: 그들은 왜 그러는 거지?
Don: 그들에겐 11월 1일과 2일에 죽은 자들의 날이 있어. 그것이 그날을 축하하는 그들의 방식이야.
Ann: 그들은 유령들을 두려워하지 않니?
Don: 아니, 그들은 그 기간 동안 영혼들이 그들을 방문한다고 생각해. 하지만 그들은 그 영혼들이 죽은 가족들이나 친구들이라고 생각해. 그래서 멕시코인들은 그들에 대한 좋은 것들을 기억하기 위해 그들의 무덤을 찾아가지.
Ann: *참 흥미롭구나! 이제 이해하겠어.

구문해설

3행 They are brave, **aren't they**?
▶ 부가 의문문: 앞이 긍정인 경우 부정으로, be동사는 그대로 사용

6행 That's their way **to celebrate** it.
▶ to celebrate: to부정사의 형용사적 용법 (their way 수식)

10행 So they visit their graves **to remember** good things about them.

▶ to remember: to부정사의 부사적 용법 (목적)

13행 **How interesting!**

▶ How로 시작하는 감탄문: 「How+형용사/부사(+주어+동사)!」

문제해설

1 ⑤는 many Mexicans' dead family members and friends를 가리키고, 나머지는 many Mexicans를 가리킨다.

2 주어가 they이고 be동사 현재형이 쓰인 부정 의문문은 Aren't they …?로 쓴다.

Word Review

p. 110

1. 목소리 **2.** 향수 **3.** (맛이) 쓴 **4.** 신, 시큼한 **5.** 거미 **6.** 위험한 **7.** 허락하다 **8.** 재능, 재주 **9.** 공연 **10.** 날씨 **11.** 꼬리 **12.** …을 놀리다 **13.** 거짓말쟁이 **14.** 야생[자연] 상태; 야생의 **15.** 사진작가 **16.** …와 친해지다, …와 친구가 되다 **17.** 끝나다 **18.** 움직이다; (집 등을) 옮기다[이사하다] **19.** 더 좋아하다, 선호하다 **20.** 산책하러 가다 **21.** 억만장자, 갑부 **22.** 호화로운 **23.** 전형적인 **24.** 단순한,소박한 **25.** 비싸지 않은 **26.** 보통의, 평범한 **27.** 모범적인 **28.** 붙잡다 **29.** 처리하다 **30.** 날것의 **31.** 똑바로 **32.** 비밀번호 **33.** 그리워하다 **34.** 탄생 **35.** 용감한 **36.** 죽은 **37.** 축하하다, 기념하다 **38.** 정신, 영혼 **39.** 무덤 **40.** 유령

memo

열여섯 시간에 완성하는 중학 영어 단기 특강

열중 16강

독해+문법 LEVEL 1